Friederike Herrmann (Hrsg.)

Unter Druck

Friederike Herrmann (Hrsg.)

# Unter Druck

Die journalistische Textwerkstatt.
Erfahrungen, Analysen, Übungen

VS VERLAG FÜR SOZIALWISSENSCHAFTEN

Bibliografische Information Der Deutschen Nationalbibliothek
Die Deutsche Nationalbibliothek verzeichnet diese Publikation in der
Deutschen Nationalbibliografie; detaillierte bibliografische Daten sind im Internet über
<http://dnb.d-nb.de> abrufbar.

1. Auflage Oktober 2006

Alle Rechte vorbehalten
© VS Verlag für Sozialwissenschaften | GWV Fachverlage GmbH, Wiesbaden 2006
Lektorat: Barbara Emig-Roller

Der VS Verlag für Sozialwissenschaften ist ein Unternehmen von Springer Science+Business Media.
www.vs-verlag.de

Das Werk einschließlich aller seiner Teile ist urheberrechtlich geschützt. Jede Verwertung außerhalb der engen Grenzen des Urheberrechtsgesetzes ist ohne Zustimmung des Verlags unzulässig und strafbar. Das gilt insbesondere für Vervielfältigungen, Übersetzungen, Mikroverfilmungen und die Einspeicherung und Verarbeitung in elektronischen Systemen.

Die Wiedergabe von Gebrauchsnamen, Handelsnamen, Warenbezeichnungen usw. in diesem Werk berechtigt auch ohne besondere Kennzeichnung nicht zu der Annahme, dass solche Namen im Sinne der Warenzeichen- und Markenschutz-Gesetzgebung als frei zu betrachten wären und daher von jedermann benutzt werden dürften.

Umschlaggestaltung: KünkelLopka Medienentwicklung, Heidelberg
Satz: Mareike Erlmann, Stuttgart
Druck und buchbinderische Verarbeitung: Krips b.v., Meppel
Gedruckt auf säurefreiem und chlorfrei gebleichtem Papier
Printed in the Netherlands

ISBN-10  3-531-14223-2
ISBN-13  978-3-531-14223-4

# Inhalt

Vorab ............................................................................................. 9

## I Werkstattberichte ............................................................. 15

*Ulrike Pfeil*
Zum Glück gibt's Termine!
Wie eine Lokaljournalistin der Schreibhemmung davonläuft ............ 17

*Angelika Overath*
Von Unterhosen, Gummibärchen und Zimmermädchen
Die unsichtbare Arbeit hinter dem Text ........................................... 21

*Marie-Luise Scherer*
„Es muss mit einer Tatze gerissen sein"
Ein Gespräch über Präzision, Zeit und Zigaretten ............................ 29

*Ulrich Hägele*
Gegen die Uhr und den Chef im Rücken
In der aktuellen Radioredaktion: Wie ein anderer Oberhand
über den eigenen Text gewinnt ........................................................ 39

*Birgit-Sara Fabianek*
Sortieren, gliedern und verwirren
Der weite Weg vom Konzept zum Text ............................................ 45

*Dorothea Keuler*
Wenn gar nix fließt
Als alle Rezepte versagten: Ein Jahr Schreibblockade ...................... 49

*Udo Zindel*
Grün im Gesicht
Mehrere Radiofeatures zum gleichen Thema: Nur für das
Portemonnaie ist das ein Glücksfall................................................................53

*Susanne Poelchau*
How to meet Susan: ...
Auf dem schmalen Grat zwischen Idealisierung und Distanz...........65

*Beate Rau*
Ein äußerst kapriziöses Gegenüber
Wenn Wut und Trotz mitschreiben.................................................................73

*Judith Rauch*
Die Stimmen der anderen
Wie viel Kritik verträgt eine schreibende Seele?.......................................81

*Sabine Deichsel-Steininger*
Am liebsten mag ich Filme ohne Text
Wahre Liebe verlangt ganze Hingabe: Vom Leiden der
Regisseurin beim Schreiben ............................................................................87

*Bernd Jürgen Warneken*
Die Fabrikation von Glossen
In vier Schritten zur Pointe..............................................................................95

*Sibylle Thelen*
Was will ich sagen?
Die Frage hat es in sich: Von der Herausforderung, zum Kern
des Themas vorzudringen ..............................................................................101

*Johannes Wendland*
Ausgepresst wie eine Zitrone
Was tun, wenn man zu wenig Material hat? ............................................105

*Eleonore Wittke*
Heute schwebte das Thema am Fenster vorbei
Die Vielfalt der Ideen und ihr Trichter ..................................................... 109

*Britta Binzer*
Schreiben ist viel angenehmer als eine Zahnwurzelbehandlung
Wie eine Online-Redakteurin sich selbst überlistet ............................... 115

*Carmen Zahn*
Glasperlen und Rückenschmerzen
Gäbe es doch einen direkten Weg der Gedanken, aus dem
Kopf – zack – in einen Computer ........................................................... 117

*Susanne Sinn*
Inseln im Wörtermeer
Das Exposé für einen Film lässt eine Gestalt erst erahnen. Es
schwebt. Es verlangt nach Bewegung: Annäherung, Mitgehen,
Loslassen ................................................................................................... 121

*Eva Christina Zeller*
Die Anstatt-Autorin
Sie soll ein Radiofeature schreiben und schreibt eine
Kindergeschichte, sie will einen Roman verfassen und schreibt
Gedichte .................................................................................................... 127

*Elsbeth Gut Bozzetti*
Wasser, Grasgeruch und Lippenstift
Oder: Der Morgen danach
Genrewechsel: Die Übersetzerin als Journalistin ................................... 135

*Marianne Mösle*
Kann jemand im Ernst behaupten, dass Bügeln oder Putzen
schöner sei als Schreiben?
Die Lust, eine Welt in Worten zu erschaffen ......................................... 141

*Ulrike Pfeil*
Die meisten Geschichten sind unrund
Die Welt ist komplex. Journalisten reduzieren Komplexität ......... 147

## II Analysen ............................................................................. 151

*Friederike Herrmann*
Die Tausendfüßler-Dialektik
Schreiberfahrungen und Schreibforschung – eine Annäherung ...... 153

*Christine Schick*
„Der Text muss erstmal seine Botschaft finden"
Zwischen Gebrauchstexten und Lesestücken: Vier Interviews
mit Journalistinnen und Journalisten zum Schreibprozess ............ 163

## III Übungen ........................................................................... 173

Clustering (Friederike Herrmann) ................................................ 175
Free Writing (Friederike Herrmann) ............................................ 179
Texteinstiege: Das Dornröschen-Projekt (Thomas Schröder) ....... 181
Eine Ballade als Nachrichtenquelle (Angelika Bachmann) ........... 187
Bücken nach Geschichte(n) (Hans-Joachim Lang) ....................... 189
Reihum erzählen (Jürg Häusermann) ........................................... 193
Wiederbeleben (Jürg Häusermann) .............................................. 195
Portionieren (Jürg Häusermann) .................................................. 197
Imitierendes Schreiben (Friederike Herrmann) ............................ 199
Texte verhunzen (Friederike Herrmann) ...................................... 203

Literatur ....................................................................................... 205

Autorinnen und Autoren .............................................................. 207

# Vorab

Wie eine richtig aufgebaute Nachricht, eine anschauliche Reportage oder ein lebendiges Porträt aussehen muss – das erfahren junge Journalisten in ihrer Ausbildung. Wie sie diese Texte schreiben können, lernen sie in der Regel nicht. Bestenfalls geben die alten Hasen in der Redaktion ein paar Tipps weiter: Dass der erste Satz sehr wichtig ist, dass es helfen kann, die Geschichte erst einmal mündlich zu erzählen und ein bisschen Zeitdruck beim Schreiben durchaus nicht schadet.

Die journalistische Ausbildung orientiert sich am Produkt und nicht am Prozess des Schreibens. Damit gleicht sie einem Wanderführer, der in leuchtenden Farben ein Ziel ausmalt – nur leider vergisst, eine Wanderkarte beizufügen. Und so irren denn die journalistischen Novizen orientierungslos durchs Metier und nur, wer die Gegend schon ein bisschen kennt und über eine Art inneren Kompass verfügt, erreicht das Ziel und verfasst passable Texte. Was dann jene bestätigt, die den Journalismus seit jeher für einen Begabungsberuf halten.

Zugegeben: diese Beschreibung ist ein wenig zugespitzt. Es hat sich inzwischen herumgesprochen, dass Schreiben nicht nur Talent, sondern auch Handwerk voraussetzt. Es gibt eine wahre Schwemme von Stil-Ratgebern, die zeigen, wie man Schachtelsätze entflicht, Substantivierungen in Verben verwandelt und Adjektive vermeidet. Diese Bücher sind hilfreich und nützlich, sie haben dazu beigetragen, die Medien von verquasten Sprachungetümen zu befreien. Aber sie setzen in gewisser Weise am falschen Ende an: Den Stil verbessern kann man noch im letzten Schritt der Textentstehung, beim Überarbeiten. Aber wie kommt man ins Schreiben hinein? Ob eine Geschichte als Ganzes stimmig ist, entscheidet sich während der Arbeit am Text, und dieser Prozess ist nicht in simple Tipps zu fassen. Wer junge Journalisten unterrichtet, kann mitunter beobachten, wie sie vor lauter Regeln im Kopf nur schwer in einen Schreibfluss kommen. Das kann in den schlimmeren Fällen zur Blockade führen, in leichteren

Fällen führt es zu normierten Texten, die allen Regeln der Ratgeber genügen, nur leider den persönlichen Stil vermissen lassen.

Die Kernfrage dieses Buches ist deshalb, wie journalistische Texte entstehen: Was passiert beim Schreiben? Einige sehr erfahrene, aber auch jüngere Journalistinnen und Journalisten haben sich hingesetzt und den eigenen Erfahrungen nachgespürt: Welche Hürden und Ängste gilt es zu bewältigen? Was kann hilfreich sein? Woran scheitern Texte?

Ziel ist es nicht, den Leserinnen und Lesern Ratschläge zu erteilen. Zum einen deshalb nicht, weil es den einen Königsweg zum Text nicht gibt; ganz unterschiedliche Strategien führen zum Ziel. Zum anderen helfen wohlmeinende Ratschläge den Ratgebern – die sich klug und kompetent fühlen dürfen – mitunter mehr als den Ratsuchenden. Der Schreibtrainer Otto Kruse hat für Gespräche über Schreibprobleme die Regel eingeführt, dass in der ersten halben Stunde keine Lösungsvorschläge gemacht werden dürfen (Kruse 2003). Probleme können weggeredet werden, bevor sie richtig erkannt worden sind. Es gilt also eher, das Leiden am Schreiben zu erkunden und zu akzeptieren, dass diese Qual für viele – nicht für alle – Schreiber dazu gehört. Die Autoren dieses Buches schildern Wege und Irrwege, die sie selbst gegangen sind. Vielleicht hilft es jungen Journalisten schon, wenn sie Schreibschwierigkeiten als Teil des Prozesses annehmen; wenn sie mit ihnen arbeiten statt gegen sie, wie Ulrike Pfeil es im ersten Beitrag beschreibt. Zwischen den Zeilen mögen sich auch manche Tipps fürs Texten finden; vor allem aber hoffen die Autorinnen und Autoren darauf, dass die Leser inspiriert werden, eigene Schreibstrategien weiterzuentwickeln.

Der erste Teil dieses Buches ist zum Schmökern und Stöbern gedacht. Die Beiträge können, aber sie müssen nicht der Reihe nach gelesen werden. Eine Vielfalt von Schreiberfahrungen in verschiedenen Medien wird ausgebreitet, in der man sich wieder erkennen kann, die erstaunen mag und die hoffentlich anregend wirkt. Die Autoren beschreiben das Ringen mit bestimmten Genres, etwa dem Porträt (Susanne Poelchau, Judith Rauch, Beate Rau) oder der Glosse (Bernd

Jürgen Warneken); sie schildern die Probleme, wenn der Chef mitschreiben will (Ulrich Hägele), oder der gleiche Stoff immer wieder eine neue Form finden muss (Udo Zindel). Eine Journalistin fragt sich, warum sie noch einen Text verfassen soll, wenn in den Bildern des dazugehörigen Filmes schon alles gesagt ist (Sabine Deichsel-Steininger). Andere beschreiben, wie Recherchematerial und Ideen sich kaum bändigen lassen (Birgit-Sara Fabianek, Eleonore Wittke) oder umgekehrt die große Leere droht (Johannes Wendland) und man sich zum Schreiben erst überreden muss (Britta Binzer). Nicht leicht ist es, Zeiten auszuhalten, in denen kein Wort aufs Blatt will (Dorothea Keuler); aber immerhin einer Journalistin macht das Schreiben auch richtig Spaß (Marianne Mösle). Eine Autorin spürt den Ursachen dafür nach, dass sie immer den Text schreibt, den sie gerade nicht schreiben soll (Eva Christina Zeller). Im Mittelpunkt aller Erfahrungsberichte aber steht das Suchen nach Form und Sprache, die dem gerecht werden, was man recherchiert hat und gleichzeitig zum Lesen oder Zuhören verleiten (Angelika Overath, Marie-Luise Scherer, Sibylle Thelen, Carmen Zahn, Susanne Sinn, Elsbeth Gut Bozzetti).

Erfahrungsberichte von Journalisten über ihr Schreiben gibt es bislang nur selten. Auch wissenschaftlich ist dieses Thema noch wenig untersucht, im deutschen Sprachraum befasst sich nur der Schweizer Medienlinguist Daniel Perrin mit der Textproduktion von Journalisten (Perrin 2001). Besser erforscht sind Schreibprozesse im Allgemeinen, etwa von Schülern, Studierenden und Schriftstellern. Mit ihnen haben sich Wissenschaftler diverser Richtungen der Sprach- und Kognitionswissenschaften auseinandergesetzt.[1] Der zweite, stärker analytische Teil dieses Buches fasst einige Ergebnisse dieser Schreibforschung zusammen, bezieht sich aber auch auf Erkenntnisse und Erfahrungen des amerikanischen *Creative Writing*. Ich vergleiche in meinem Beitrag theoretische Einsichten mit den subjektiven Erfahrungsberichten und arbeite wesentliche Stufen und Klippen der

---

[1] Einen Überblick gibt z. B. Wrobel (1995).

Textentstehung heraus. Ich berücksichtige dabei auch unbewusste und emotionale Faktoren des Schreibens, die von der akademischen Forschung meist vernachlässigt werden. Unbewusste Prozesse sind die Grundlage für Übungen des kreativen Schreibens. Wieweit die Strategien des kreativen Schreibens auf Konzepten aufbauen, die auch für Journalisten nutzbar gemacht werden können, untersucht Christine Schick im folgenden Beitrag. Sie hat dafür Interviews mit Zeitungsredakteuren zu ihren Arbeitstechniken geführt. Eine kleine Sammlung von Übungen zum journalistischen Schreiben schließt den Band ab.

Dieses Buch hätte nicht entstehen können ohne einen Kreis von Tübinger Journalistinnen, der sich seit vielen Jahren einmal im Monat trifft (und sich immer noch keinen Namen gegeben hat). Die Auseinandersetzung mit eigenen Schreiberfahrungen erfordert ein Hinabsteigen in Versagensängste und Selbstzweifel, mit denen man sich allzu schnell den Vorwurf der Unprofessionalität einhandeln kann. Das ist vielleicht ein Grund dafür, dass es bislang so wenige Selbstzeugnisse von Journalisten über ihre Textproduktion gibt. „Hilfe, ich kann nicht schreiben", fasste eine der Journalistinnen einmal die Angst zusammen, die selbst mehrfach preisgekrönte Autorinnen immer wieder einholen kann. Im Rahmen dieser Gruppe entstanden die ersten Texte dieses Buches, wurden diskutiert und überarbeitet. Immer wieder stellten wir fest, wie schwer es ist, die Schwierigkeiten beim Schreiben wirklich zu benennen und an die Öffentlichkeit zu tragen. Die Bereitschaft der Gruppe, sich diesem Prozess zu stellen und schließlich auch weitere Kolleginnen und Kollegen für Beiträge zu gewinnen, war eine Voraussetzung für dieses Buch. In dieser Hinsicht ist der Band ein gemeinsames Produkt, an dem die Kolleginnen Sabine Deichsel-Steininger, Elsbeth Gut Bozzetti, Dorothea Keuler, Marianne Mösle, Angelika Overath, Ulrike Pfeil, Susanne Poelchau, Beate Rau, Judith Rauch, Susanne Sinn, Annette Wagner, Carmen Zahn und Eva Christina Zeller mitgearbeitet haben.

Der Dank gebührt aber auch all den Kolleginnen und Kollegen, die die weiteren Beiträge dieses Buches verfasst haben – ohne schützende Gruppe und leider auch ohne Honorar, was für freie Journalisten durchaus ein Problem ist.

Ein herzliches Dankeschön an Eric Nordhausen, der mich bei der Erkundung der Schreibforschung unterstützte, an Ute Kleiber, die Korrektur las und an Mareike Erlmann, die das Layouten übernahm.

Für mich markiert der Abschluss dieses Buches meinen, zunächst beruflichen, Abschied aus Tübingen. Den Freundinnen und Freunden in dieser Stadt, von denen so viele zu diesem Band beigetragen haben, möchte ich es widmen.

*Tübingen, im August 2006* *Friederike Herrmann*

# I Werkstattberichte

# Zum Glück gibt's Termine!

## Wie eine Lokaljournalistin der Schreibhemmung davonläuft

*Ulrike Pfeil*

Ich bewundere meine „freien" Kolleginnen, also die freien Journalistinnen. (Schon nicht gut, dieser Anfang. Du sollst einen Artikel nicht mit „Ich" beginnen. Also noch mal.) Ehrlich, ich bewundere die freien Journalistinnen, aber ich beneide sie nicht. Ich weiß nicht, wie sie es machen, immer wieder Ideen und Artikel auszustoßen, ohne dass ihnen der tägliche Termindruck im Nacken sitzt. Manchmal sagen sie, mir unverständlich: Wir haben wieder das und das von dir gelesen, du bist ja sehr produktiv. Und ich denke: Sie haben keine Ahnung. Sie wissen nicht, dass ich eigentlich nur produktiv bin, weil ich ständig meiner Angst vor der Schreibhemmung davonlaufe. Jeden Tag beweise ich mir, als Tageszeitungsjournalistin, dass ich sie wieder überwunden habe.

Das hält sie klein. Je mehr Produktionsdruck, desto mehr zieht sie sich zurück in die Schublade ganz unten in meinem Redaktionsschreibtisch. Dorthin, wo mein schlechtes Gewissen haust. Zu den wirklich guten, aber uneingelösten Geschichten, zu den vergilbten Notizen, die nicht weggeschmissen werden, obwohl sie längst überholt sind. Die Gesprächspartner weggezogen, pensioniert, verstorben. Die Themen von vorgestern. Die Aufregung verebbt. „Leichen im Keller" nennen wir sie in unserer kaltschnäuzigen Journalisten-Lingua, und wir hoffen, dass auch die Informanten und die nie zitierten Interviewten, die Fotografierten und nie im Blatt Erschienenen ihre Erwartung verdrängt und vergessen haben.

Dort also verkriecht sich die Schreibhemmung, zwischen die alten Spiralblocks, und lauert, bis wieder ein Thema naht, das mehr Umkreisung und Recherche, eben einen längeren Atem braucht als unser alltägliches Geschäft, das wir abfällig Terminjournalismus nennen. Pressekonferenz, hinrennen, Fragen stellen, Artikel schreiben, Zeilenlimit einhalten, Foto besorgen, Überschrift machen – vergessen. Wir schimpfen jeden Tag über diese Routine, über die Fremdbestimmung, über die Nebensächlichkeiten, die wir zu Papier bringen, während doch die wahrhaft wichtigen Themen liegen bleiben. Aber jeden Tag heißen wir sie heimlich willkommen, die Presseerklärungen und die Termine in unseren Postfächern, die Wichtigtuer an unseren Telefonen. Weil sie uns wieder eine Legitimation für die Unvollkommenheit geben.

Wenn sie ausbleiben, sollten wir jubeln. Endlich Zeit, endlich Freiheit, das Unerledigte anzugehen, die große Geschichte, die umfängliche Reportage, das Hintergrundthema. Ein Augenblick, in dem aufleuchtet, was wir uns einmal vorgestellt haben unter diesem Beruf: analysieren, aufklären, sprachlich gestalten.

Aber welche Belastung. Mit jedem Tag der Recherche, jedem Tag ohne eigenen Text, ohne das Adrenalin des Termindrucks und ohne die Entlastung durch die „fertige Arbeit" wachsen die Unsicherheit, die Unruhe, die schlechte Laune. Man nimmt die Arbeit mit nach Hause, abends noch etwas lesen. Nach vier Tagen erschreckt uns die Begrüßung einer Bekannten auf der Straße: „Bist du krank? Man liest gar nichts mehr von dir in letzter Zeit!" Bald werden sie einen für tot erklären, jetzt aber schnell: schreiben!!

Leicht gesagt – wo beginnen? Erst zeigt sich überhaupt kein brauchbarer Anfang, dann konkurrieren fünf Ideen. Soll man impressionistisch beginnen, das Thema atmosphärisch anreißen, oder gleich eine klare These präsentieren? Ein Zitat, eine Person dazu, Filmszene, den Leser als Augenzeugen in die Story hereinholen? Aber wenn das Material dann die sinnliche Annäherung nicht trägt?

Schon beim Schulaufsatz fiel es mir schwer, eine Gliederung zu machen und ihr dann auch noch zu folgen. Es hat sich nicht viel gebessert in den Jahrzehnten seither. Das Material herrscht über mich, nicht umgekehrt. Es frisst sich mit seinen Möglichkeiten und Facetten in meinen Schlaf und in mein Privatleben. „Du hörst ja gar nicht zu!" Stimmt, mir ist gerade ein guter Anschluss an den letzten Absatz eingefallen. Der unverwerfliche erste Satz noch nicht.

Unter den Personen und den Berufsweisheiten, die mir aus der Journalistenschule im Gedächtnis geblieben sind, ist ein Auftritt der Dozentin Anneliese Friedmann besonders lebendig, in dem sie von ihrer Schreibhemmung erzählte. Anneliese Friedmann war Kolumnistin bei der Münchner Abendzeitung (okay, sie war auch die Frau des Herausgebers, später selbst Herausgeberin), sie war, was wir insgeheim werden wollten: ein Name, ein Gesicht im Journalismus, eine Marke, ein Mensch, nach dessen Schreibe sich andere richten. Ganz leicht, manchmal auch seicht, und selbstverständlich schienen ihr die Sätze, ja ganze Kolumnen in die Schreibmaschine zu fließen. Lesen: fünf Minuten. Schreiben? Vielleicht eine, zwei Stunden? Und dann eine ganze Woche Zeit zum Leben – traumhafter Job. So stellten wir uns das vor.

Bis Anneliese Friedmann berichtete, wie sie schon von der Suche nach Themen und Ideen von permanenter Unrast umgetrieben werde. Bis einen Tag vor Abgabetermin. Wie sie dann, wenn sie sich entschieden habe, durch die Wohnung tigere. Wie ihr diese Unruhe alles verleide, was zwischen den beiden Kolumnen passiere. Wie alles davon besetzt sei, alles vorgeformt vom professionellen Verwertungsblick. Wie sie, wenn sie sich hinsetze zum Schreiben, plötzlich überall Staub entdecke und Unordnung in der Wohnung, wie sie unbedingt zuerst Wäsche bügeln und Staub wischen, Fotos sortieren und eine müde Pflanze umtopfen müsse, wie sie dann unbedingt einen Kaffee brauche und dringend noch jemanden anrufen müsse. Und wie, wenn es eigentlich schon zu spät sei, das Schreiben beginne, unter einem idiotischen Zeitdruck und eigentlich halb bewusstlos. Ich stellte es mir vor: Anneliese Friedmann, die bestimmt eine, wenn nicht mehrere Haushaltshilfen hatte, wischte Staub, den außer ihr niemand sehen konnte, um ihren Schreib-Anfang zu finden. Seither wusste ich, dass meine Schreibhemmung kein ernstes Berufshindernis war, sondern etwas ganz Normales.

So fühle ich mich zumindest nicht allein mit meiner Not, wenn ich bügle oder Klavier spiele oder Unkraut jäte, während ich eigentlich am Computer sitzen und diese längst zu Ende recherchierte Geschichte schreiben sollte. Oder fehlt da nicht noch diese eine Information, die alles erst richtig rund machen würde? Zu dumm, schon sechs Uhr, man wird den Informanten nicht mehr an seinem Arbeitsplatz erreichen, man muss es verschieben auf morgen, ach, unter diesen Umständen hat es sowieso keinen Wert, heute noch anzufangen.

So ist es, wenn ich zu Hause arbeite, an den Geschichten, die angeblich Ruhe brauchen, die es nicht vertragen, wenn dauernd das Telefon klingelt oder jemand dazwischenquatscht, wie in der Redaktion. Und wie sehne ich mich dann nach diesen Störungen, nach dem Kollegenklatsch und nach der strikten Zeitvorgabe. Wirklich, ich weiß nicht, wie sie es hinkriegen, meine „freien" Kolleginnen, diese Heimarbeit mit ihren Abschweifungen und häuslichen Versuchungen, dieses Leben mit dem Ballast der unfertigen Geschichten. Diesen immer währenden Kampf mit der Schreibhemmung, diesem hässlichen Schreibtischgeist. Jetzt linst sie schon wieder aus der unteren Schublade, sie wittert die Gelegenheit. Ätsch, kusch dich, zu spät!

Artikel fertig, fort damit. Morgen ist ein neuer Tag.

# Von Unterhosen, Gummibärchen und Zimmermädchen

## Die unsichtbare Arbeit hinter dem Text

*Angelika Overath*

### 1. Unterhosen

„Mama, soll ich Dir Unterhosen bringen?"

Mein Sohn lehnte am Türrahmen und schenkte mir ein John-Wayne-Lächeln, wobei er mit den wohl definierten Muskelpaketen seines rechten Oberarms spielte. Im Hintergrund auf dem Teppich lagen die Hanteln. Ich hasste ihn.

Wortlos zog ich weiter an ihm vorbei, durch den Flur, in die Küche, zurück zur Toilette, dann endlich wieder ins Wohnzimmer, wo schon das leise Summen aus meinem Arbeitszimmer zu hören war. Der Computer lief; mir war schlecht.

Ich zog in den Flur. Mein Sohn stand immer noch da.

„Was ist? Unterhosen?"

Ich versuchte, ihm einen kühlen Mutterblick entgegen zuwerfen, worauf er sich weiterlächelnd umdrehte und in seinem Zimmer verschwand. Schon war das gleichmäßige Klacken der Gewichte zu hören.

Zugegeben. Einmal hatte er mich erwischt. Ich kniete vor meiner Matratze (ich schlafe in alter Reporterromantik auf dem Boden), vor mir ein ernüchternder Wäschehaufen (wir sind eine fünfköpfige Familie), und ich fischte nach den Unterhosen, um sie einzeln sorgfältig glatt zu streichen und auf Kante zu falten, jede Unterhose ein kleines, plattes Geschenkpaket.

„Was tust du da?", fragte mein Sohn, der auf einmal hinter mir stand. Die Situation war klar. Auch ein sofortiger Angriff – jemand müsse sich schließlich um den Haushalt kümmern – half nichts mehr. Er grinste. Auch was er nun sagte, wusste ich bereits: Es sei gerade absolut ruhig in der Wohnung, der Kleine im Kindergarten. Ich könne jetzt wunderbar schreiben. Warum ich denn nicht schriebe?

Damals bin ich knurrend in die Küche gegangen, um Nudelwasser aufzusetzen fürs Mittagessen (viel zu früh). Jetzt drehte ich mich um, Richtung Bildschirmschoner, und verharrte starr. Das Wort „Unterhosen" hatte mich erreicht.

Warum wich ich schon wieder aus? Warum ging ich vor den Unterhosen in die Knie und nicht vor meinem Text? Warum war ich nicht bereit, mich anzustrengen?

Ich war ja bereit. Prinzipiell. Nur vielleicht jetzt nicht gerade. Es war nicht die richtige Stimmung. Das Wetter. Der rufende Haushalt (ha, ha!). Ich ging in die Küche und griff nach einer Tüte Gummibärchen. Oh süßer Trost der frühen Tage.

## 2. Gummibärchen

Ich liebe Gummibärchen. Leider machen sie dick. Gegen die Gummibärchensünde hilft nur partieller Gummibärchenentzug und Sport. Und damit war ich kauend bei der leeren Tüte und dem Schreiben.

Kein Mensch macht gerne Bauchmuskelübungen. Ein flacher Bauch ist Arbeit. Ein guter Text auch. In meinem Kopf skandierte es: Schreiben kostet Selbstüberwindung. Schreiben ist eine tägliche Disziplinierung. Schreiben ist eine Zumutung. Schreiben ist kein Gummibärchen.

Im Hintergrund hörte ich das gleichmäßige Klacken der Hanteln.

## 3. Zimmermädchen

Leicht steckt ein Schuss Größenwahn in der journalistischen Arbeit. Wer schreibt, macht sich zum Schöpfer der Geschichte eines anderen. Wenig ist mir in meinem Beruf so unheimlich, wie wenn ein Interviewpartner nach der Veröffentlichung meiner Reportage von sich nun in meinen Sätzen spricht. Er hat mir sein Leben erzählt, aber ich habe ihm eine Legende gegeben. Habe ich damit sein Leben verändert?

Ein Stück weit wohl schon.

Über andere schreiben, heißt, sich eines Übergriffs schuldig machen. Es heißt, deutende Verantwortung auf sich nehmen. Ich versuche, diese Interpretation oder Wertung so weit als irgend möglich abzuschwächen. Mein Ideal ist ein offener Text, offen wie ein Raum, den der Leser betritt, um sich dort umzusehen. Das setzt voraus, dass ich selbst diesen Raum gut kenne.

Eine Reportage über die Arbeit von Zimmermädchen in einem Schweizer Grandhotel habe ich mit Häubchen und Schürzchen an ihrer Seite begonnen. Bald zog ich aus dem Schürzchen ein Blöckchen und notierte, was sie taten. Sie waren einverstanden. Die Geschichte war mit der Direktion abgesprochen. Mich faszinierten ihre mit Wäsche, Badeprodukten, Putzzeug bestückten Rollwagen, mich beeindruckte die Normierung der Handgriffe, derer es bedurfte, bis ein Hotelzimmer professionell „gerichtet" war. Es ist so schnell gesagt: das Zimmer ist sauber. Ich wollte, dass niemand, der meine Reportage las, jemals wieder ein Hotelzimmer betreten würde, ohne die Arbeit zu begreifen, die hinter dieser bezahlten Ordnung und Sauberkeit steckt. Ich teilte eine knappe Woche dieses putzende, aufräumende, herrichtende Dasein. Mit manchen Zimmermädchen freundete ich mich an. Als ich ging, war ich auch traurig.

Das Elend begann am Computer.

Meine Idee war, das geheime Hotel der Zimmermädchen zu beschreiben, mit den hinter Spiegelfronten versteckten Putzzimmern, den Arbeitswagen, dem straffen Zeitmanagement, den normierten Handgriffen – und zwar so zu beschreiben, wie es noch nicht gesehen worden war. Gäste von Grandhotels interessieren sich kaum für die Arbeit von Zimmermädchen, zumindest, solange es sauber ist und der Föhn funktioniert. Mein Text sollte Erlebnischarakter haben;

Satz für Satz sollte der Leser hineingeraten in das ebenso alltägliche wie exotische Milieu.

„Mirijana zieht die Vorhänge auf, dann öffnet sie die Fenster, sie zieht die Bettwäsche von den großen Plumeaus, dann nimmt sie die Überzüge der Kopfkissen weg. Sie wirft die Wäsche auf den Boden." So ging es nicht. Aber so ähnlich musste es gehen.

Ich habe Mirijana, das Grandhotel und diesen Auftrag verflucht. Ich hatte keine Schreibhemmung. Überhaupt nicht! Ich hatte keine Lust, mir diese minutiöse Kleinarbeit zu machen. Denn zunehmend wurde mir klar, dass, sollte der Leser die Arbeit der Zimmermädchen sehen, ich mir die Arbeit machen musste, sie Wort für Wort umzusetzen. Ich habe knirschend (es war wie Bauchmuskelübungen) die Szene geschrieben, sorgfältig, Betten abziehen, Betten aufziehen, Staubwischen, Schubladenauswischen, Kleiderbügel im Schrank ausrichten, Informationsmaterialien auslegen, Bad putzen, Toiletten putzen, Badeauflagen kontrollieren – en detail aufgeschrieben, alles, was ich fliegend notiert hatte. Endlich stand die Szene. Sie hatte Mühe gemacht, aber sie war fraglos langweilig. Ich brauchte all die beobachteten Details, aber ich brauchte zugleich eine sprachliche Rhythmisierung, die die Monotonie zum einen anschaulich machte, zum andern aber einen eigenen Ton erzeugte, der mitzog. Jetzt ging es also darum, so zu verknappen, dass die einzelnen Arbeitsschritte zwar erhalten blieben, aber verdichtet gut zu lesen waren.

Die Sätze waren so lange zu kürzen, die Wörter so lange gegeneinander zu stellen, bis sich genau jener Zusammenhang herstellte, der eine möglichst adäquate Übertragung der Arbeit des Zimmermädchens in die sprachliche Logik des Textes war.

Tausendmal, zischte ich über den Tasten, tausendmal würde ich jetzt lieber ein Hotelzimmer samt Bad und Toilette putzen, als jeden dieser Handgriffe in die Griffigkeit der Wörter umzusetzen.

Ich weiß nicht mehr, wie viele Überarbeitungen ich in den folgenden Tagen machte. Die Passage schrumpfte zunehmend, am Ende blieb etwa ein Drittel der ursprünglichen Länge übrig. Ich weiß nicht, wie oft ich dabei aufgestanden bin, eine Runde durch die Wohnung lief, den Unterhosen entsagend und – an den Hanteln vorbei – mich wieder an den Computer setzte. Das Ergebnis war absolut unspektakulär; aber ich wusste, zumindest ich kann es nicht besser:

Mirijana, 33 Jahre, putzt ein Zimmer auf „départ". Im Unterschied zu „réstant" verlangt ein Raum, den ein abreisender Gast verlässt, die Grundreinigung. Es ist 7.30 Uhr, ein Freitag vor Pfingsten. Das Bellevue ist ein Geschäftshotel, es leert sich nun. Bis zur Mittagspause um 11.30 Uhr wird Mirijana acht „départs" haben, von 12.00 Uhr bis Dienstschluss um 17.00 Uhr weitere neun. Sie schiebt die langen Vorhänge zur Seite und öffnet das Fenster. Sie zieht zwei Kopfkissen ab, zwei Überbetten, die Leintücher, nimmt den Arm schmutziger Wäsche mit auf den Gang zum Wagen und kommt, die frischen, steifen Garnituren wie ein Präsent balancierend, zurück. Sie hebt die Matratze, schlägt das neue Leintuch so um, dass die Leintuchfalte mit der Matratzenkante eine klare Linie bildet. Dieser schnelle Griff, der zugleich das Tuch über dem Bett glatt zieht, verrät jahrelange Übung. Das Überziehen der Kopfkissen muss nicht gelernt werden. Mirijana ist etwa 1,70 Meter groß. Wenn sie die gemangelten Duvets ausschlägt, damit sie sich öffnen, braucht sie den Schwung ihrer ganzen Armspanne. Sie fährt mit den Ecken der Bettdecke hinein und schlägt beide zusammen mit aller Kraft aus, so dass sich der weiße Überzug über die getönte Füllung bauscht. Sie legt das Bett auf die Hälfte und streicht es glatt. Mit dem zweiten verfährt sie ebenso. Sie faltet die Tagesdecke auseinander, richtet sie, die linke Seite nach außen zur Mitte gelegt, symmetrisch aus, bis sie auf beiden Seiten über das Bett hängt und dabei den Boden knapp berührt. Sie schlägt sie weiter hoch bis zur unteren Kante der Kopfkissen, legt die beiden Kopfkissen knapp darauf und wirft den Rest der Decke nun über die Kissen. Es bildet sich eine schmale

Kerbe, die das Bett optisch strukturiert. Nun wird die Decke nochmals gerade gezupft und sorgsam glatt gestrichen. Zwei letzte Griffe am Fußende erreichen zwei letzte Falten, so dass der Stoff wie ein gut geschnittenes Kleid fällt. Das Bett liegt nun da wie neu und nie berührt.

Mirijana nimmt die Tüten aus dem Mülleimer unter dem Schreibtisch, sieht nach, ob in der Schreibmappe etwas fehlt, bringt eine neue Mülltüte und einen neuen Kugelschreiber. Sie hat ein Tuch eingesprayt und wischt Staub: Stühle, gläserne Tischplatten, den Buchständer mit den vier Magazinen, Lampenfüße, den Fernseher. Sie öffnet die Schubladen des Schreibtischs, dann die der Nachttische. Sie fährt mit dem Tuch über den Telefonhörer und das Telefonbüchlein des Hotels, richtet den Aschenbecher mit den Streichhölzern aus. Sie geht auf die Zehenspitzen, denn die Schränke sind hoch. Sie geht auf die Knie und fährt über den Boden des Kleiderschranks. Die Anzahl und Hängung der Kleiderbügel werden kontrolliert: rechts und links der Stange je vier Bügel für Hemden und einen mit dem Spannbügel für Hosen, die Haken in gleicher Richtung. Sie schließt den Schrank, prüft die Verspiegelung der Türen. Jetzt Fenster schließen, Vorhänge zuziehen, Übervorhänge ausrichten. Sie geht zum Zimmermädchenwagen und holt den Eimer und den Besen mit dem Putzlappen. Die Gästehandtücher im Bad fliegen auf den Boden, die Klobürste kommt in die Toilette und wird mit ein wenig Reiniger übergossen. Sie zieht die Abfluss-Stöpsel aus dem marmornen Becken und entfernt die Haare, putzt und trocknet die Flächen, die Zahnputzgläser. Sie steigt in die Badewanne und entfernt die Kalkspritzer von der gläsernen Tür, dann beugt sie sich von außen in die Wanne, schäumt die Wannenwände ein, spült nach, trocknet ab. Sie putzt die Spiegel und den runden Vergrößerungsspiegel, wickelt das Kabel des Föhns auf und hängt ihn in die Halterung. Die Toilettenschüssel wird von innen, dann von außen gewischt. Die Ecken des Bodens fährt sie in der Hocke nach. Sie nimmt die alten Handtücher fort und bringt neue.

Sie hat sich gemerkt, welche Gästeauflagen fehlen, und hat Ersatz dabei. Wenn sie sich täuscht, läuft sie dafür zweimal. In der Natur wächst Symmetrie; in einem Hotel ist sie Handarbeit: unter die Waschbecken je ein feines Handtuch und ein Frotteetuch, auf die Waschbecken je ein Lavette, einen Schuhputzschwamm, eine Nagelfeile, das pfirsichfarbene Fläschchen, das blaue, die Duschhaube. Auf den Badewannenrand zwei Badezimmerteppiche, doch so, dass die Schrift „Bellevue Palace Bern" über beide hinwegläuft. Gut lesbar und sich in der Schrift ergänzend müssen auch die beiden Badehandtücher über den silbernen Radiatoren hängen. Mirijana schaut sich um. Mit dem umwickelten Besen geht sie abschließend über den Boden. Es ist 8.05 Uhr. Eines von 17 Zimmern ist fertig.

Einer befreundeten Photographin, die zufällig vorbeikam, gab ich die Stelle zu lesen. Sie überflog sie im Stehen. Dann strahlte sie mich an: „Mensch toll, ganz toll, aber weißt Du, Du hast es eben gut, Du schreibst so leicht." Ich hätte sie treten können.

Doch dann dachte ich, dass ich eben auch ein Zimmermädchen bin. Ich gestalte mit Mühe und Kalkül einen imaginären Raum. Und wenn ich gut bin, dann betritt ihn der Leser wie ein vorübergehendes Zuhause. Dann akzeptiert er Tisch und Bett für seinen Hunger, seine Lust und seine Träume. Und er verschwendet – nur wenn ich wirklich gut bin – keine Sekunde auf den soliden Service, der dahinter steht.

# „Es muss mit einer Tatze gerissen sein"

## Marie-Luise Scherer über Präzision, Zeit und Zigaretten

*Friederike Herrmann*

Marie-Luise Scherer hat als Journalistin gearbeitet, doch ihre Reportagen gelten als „bedeutende Literatur" (Gustav Seibt in der *Süddeutschen*). Sie wurde 1938 in Saarbrücken geboren und war über 20 Jahre Autorin beim *Spiegel*. Für „Die Hundegrenze", eine Geschichte über die Deutsch-Deutsche Grenze, wurde Marie-Luise Scherer 1994 mit dem Ludwig-Börne-Preis ausgezeichnet. Zweimal erhielt sie den Egon-Erwin-Kisch Preis. Sie hat zwei Bücher veröffentlicht: „Ungeheurer Alltag" 1988 bei Rowohlt und „Der Akkordeonspieler" 2004 im Eichborn Verlag. Gerühmt wird ihre „schreckliche Wahrnehmungsfähigkeit" (Angelika Overath) und ihre Gabe, poetische Texte mit dokumentarischer Genauigkeit zu formulieren.

Marie-Luise Scherer lebt heute im kleinen Dorf Damnatz an der Elbe, nahe der ehemaligen Grenze. Zu unserem Gespräch empfängt sie mich in ihrem Garten mit Stockrosen und Obstbäumen, an einem Augusttag im Sommer 2005. Noch vor ihr begrüßt mich ihr freundlicher, großer schwarzer Hund aus dem Tierheim. Er sieht ein bisschen nach Rottweiler aus. Marie-Luise Scherer trägt einen leichten, mädchenhaft weiten hellgrauen Baumwollrock, Sandalen mit Keilabsätzen und ein hellgraues T-Shirt. Die offenen Haare umrahmen in attraktiver Unordnung das eigenwillig schöne Gesicht. Sie führt mich in ihr Haus, eine ehemalige Tischlerei, und bereitet ein Frühstück mit Lachs und Dill, den sie aus Nachbars Garten stibitzte. Während sie den Dill hackt, erzählt sie die Geschichte des Nachbarn, eines alten

Junggesellen, Bauern und Bücherwurms. Seine Mutter, „die schönste Frau des Dorfes", sei vor kurzem gestorben. Wir frühstücken um die Mittagszeit im ehemaligen Stall, neben einem Sofa stapeln sich Zeitungen und Bücher, an der Wand hängen Bilder befreundeter Künstler. Meine riesige tiefrote Kaffeetasse stammt aus einem Hotel in New York.

*Frau Scherer, ich möchte Ihnen einen Satz aus Ihrer Geschichte „Die Hundegrenze" vorlesen: „Wie ein Machete schlug die Rute aus, dass es den ganzen Körper mitriß bis zum Kopf, und die kleine Wildnis, aus der er ragte, rechts und links zur Seite knickte." So begrüßt der Grenzhund Alf seine künftigen Besitzer, die Familie Sigall. Können Sie mir sagen, wie Sie einen solchen Satz finden, wie er entsteht?*

Ich habe mir die Begegnung ausgemalt; sie ist mir so natürlich nicht geschildert worden. Das waren ja pragmatische Leute, die einen Grenzhund suchten, um ihn dann bei sich zu Hause erneut an die Kette zu legen. Hunde erweichen generell mein Herz, ich liebe sie und ihr Leid trifft mich. Eigentlich möchte ich um Gunst für sie werben.

Und hier habe ich einen Hund als Erscheinung beschrieben, ihm Schafgarben auf den Kopf rieseln lassen, ihm sogar Festlichkeit zugesprochen. Die Szenerie war schnell im Kopf, schneller als der Satz auf dem Papier.

*Ja, die Szene hat etwas Feierliches, es heißt „Ein Gerieselt von Schafgarbenblüten bildete ein Dreieck auf seiner Stirn, passend darunter die erfreute Miene".*

Diesem Hund habe ich eine pompöse Kulisse bauen wollen. In meiner Vorstellung glich er sogar einem Renaissance-Pagen. Er hatte auch so eine Art Kragen. Das sind Einfälle, die von der Nacht begünstigt werden. Ich schrieb ja nachts. Die Nacht bringt riskante Bilder, die Pferde gehen mit einem durch. Dieses Ausufernde kann dann aber bei Tageslicht nicht bestehen. Ich sage mir, jetzt mach mal halblang, jetzt lass den Hund auch Hund sein.

*Schreiben Sie solche Einfälle nieder?*

Ja, ich schreibe sie schon hin. Man hat ja mehr Einfälle als man gebrauchen kann, man produziert Abfälle, versucht etwas und muss kapitulieren. Die Fähigkeit, etwas auszudrücken ist ja viel kleiner und ärmer als das, was der Kopf anbietet. Das eigentliche Manuskript ist dann nur noch ein kleiner Stapel, neben dem hohen Stapel mit den Versuchen und Irrtümern. Übertrieben gesagt schreibe ich jedes Wort tausend Mal. Wie jemand, der eine Handschrift übt, oder diese Leute, die vor einer Unterschrift Luftbewegungen machen bis schließlich die Hand zur Signatur herunterschießt.

*Es gibt ein Zögern vor der Endgültigkeit?*

Bis ich einen Anfang habe, nehme ich immer wieder ein neues Blatt. Für jeden Satz. Streichungen ertrage ich erst, wenn etwas auf der Seite stehen bleiben kann. Doch das sollte ich nicht erzählen. Ich bin kein Vorbild für Journalisten, für Leute, die in die Hetze und Strenge dieses Metiers wollen. Ich hatte Zeit. Das heißt, ich habe sie mir genommen, aber das muss man auch aushalten können. Ich hatte das Privileg, dass man Erwartungen in mich setzte, was auch eine Bürde war. Ich musste mich auf diesem Drahtseil der Erwartungen halten.

*Man muss es aushalten können, dass die anderen auf einen warten und die Zeit treibt die Ansprüche weiter in die Höhe?*

Ich wurde um diese mir gewährte Zeit oft beneidet. Aber: Die Peitsche ist man sich selbst. Schließlich ist man berüchtigt wegen dieses Zeitaufwandes. Man strapaziert ja die Geduld der Redaktion. Meine Arbeitsweise kann man einem jungen Journalisten nicht empfehlen, das wäre ungerecht. Denn wenn mir etwas gelungen sein sollte, dann hat das mit Zeit zu tun. Ich habe auch Kündigungen riskiert. Mein Glück war eine gewisse Außenreputation. So etwas macht stabil im Haus.

*Es gehört auch Mut dazu, so zu arbeiten.*

Ich habe es immer durchgehen lassen, dass man sagte, die hat Schreibschwierigkeiten. Dann hat man die Nachsicht der Kollegen.

Eigentlich hätte ich sagen müssen, ich habe eine hohe, länger obwaltende Unzufriedenheit, bis ich den Satz ertrage, den ich schreibe.

*Wann sind Sie zufrieden, mit Ihren Sätzen, mit Ihren Wörtern?*

Es gibt in der Geschichte der Hundegrenze einen Mann, der die Hunde der Reihe nach an seinem wattierten Beißarm rotieren lässt. Sie rotieren, als säßen sie in einem Kettenkarussell. Da hatte ich zunächst eine schwächere Metapher, wusste aber, dass ich eine bessere finde. Als ich dann das Kettenkarussell hatte, bedeutete das Glück für mich. Das ist nur ein Wort, doch es trägt mich den ganzen Tag.

*Haben Sie ein Bild, eine Vorstellung vom Text, bevor Sie zu schreiben anfangen?*

Ich weiß es nicht... Ich habe immer eine ganz hohe Idee. Und irgendwann muss ich klein beigeben, die Idee muss herunter geholt werden. Ich versuche das mir Mögliche. Bevor man sich ans Schreiben setzt, glaubt man sich fähiger als man ist. Manchmal wird man aber auch von sich selbst überrascht, dann weitet sich ein Einfall aus, der vorher ganz klein war. Ich hasse kombinierte Adjektive, solche Bindestrich-Lösungen, wie etwa wie bürgerlich-dünkelhaft oder männlich-überlegen. Nein, ein Wort! Es muss mit einer Tatze gerissen werden, muss ein Wort sein. Das Wort muss man finden.

*Sind das plötzliche Einfälle? Oder welche Strategien haben Sie für die Suche solcher Wörter?*

Manchmal weiß ich abends, dass ich bis zum Morgen ein Wort haben werde. Ich habe über Roulette-Spieler in einer Spielbank in Bregenz geschrieben. Da gibt es eine ganz spezielle Klientel nach Mitternacht, die geht nicht mehr auf die Toilette, die hat Harnverhaltung, weil sie an keinem Tisch etwas versäumen will. Die Toilettenfrau sagte mir das. Ich habe ein Wort gesucht für diese totale Widmung, dieses Geeichtsein auf die Sphäre des Spiels. Dann fand ich das Wort Nummernfirmament. Die Sterne dieser Leute stehen auf dem Filz. Das Wort Nummernfirmament ist ein kleines Findeglück zwischen zwei Kommata. Doch dieses Findeglück ist teuer mit Zigaretten bezahlt.

*Sie blieben eine ganze Nacht auf, um ein Wort zu finden?*

Ich habe sowieso nachts geschrieben. Die Nacht ist nicht terminiert, die ist lang. Das ist eine andere Situation, als wenn um ein Uhr Kinder aus der Schule kommen und das Essen erwarten. Es muss diese Grenzenlosigkeit, dieses Offene sein. Morgens habe ich dann die Anzahl der Zigaretten im Tagebuch notiert; das sind schreckliche Bilanzen, wenn ich mal so ein Schreibjahr durchblättere. Ich habe immer geraucht und immer das Rauchen beklagt. Wenn es für ein Œuvre wäre, gut, doch es sind Geschichten für ein Wochenblatt.

*Sie haben den Börne-Preis erhalten, für Ihre literarischen Reportagen. Und im vergangenen Jahr ist Ihr zweites Buch „Der Akkordeonspieler" in Enzensbergers „Anderer Bibliothek" erschienen.*

Ein Sammelband. Überschätzen Sie das nicht. Enzensberger ist ein Freund der Chronisten. Und ich hätte auch den Akkordeonspieler wahrscheinlich noch nicht fertig, wenn er mich nicht leise angetrieben hätte. Er sagte immer, ich habe Zeit wie ein Angler. Er hat mich nie gehetzt, er ist schlau. Er hat gesagt: Schreiben, schreiben, schreiben – Kunst machen wir später. Aber das funktioniert nicht bei mir.

*Sie schreiben nicht einfach mal drauflos?*

Das kann ich nicht. Ich weiß gar nicht, was ich dann schreiben soll. Was ist denn die Handlung beim Akkordeonspieler? Der geht in Berlin hin und her, fährt ab und zu über Moskau in den Kaukasus und wieder zurück. Was sollte man da erzählen, nackt, im dpa-Stil? Ich habe keine hochinteressanten Fakten. Das sind Geschichten, die leben durch die Präzision der Schilderung. Mein Ressortleiter sagte einmal, die Hälfte reicht auch. Er meinte die Hälfte der Mühe. Aber wenn ich die Hälfte nehme, habe ich gar nichts.

*Ihre Texte leben von der Sprachkunst.*

Ich will nicht von Kunst reden, aber ich bemühe mich um Präzision. Man träumt das Unmachbare. Jeder Satz ist dann eine Kapitulation. Die Frage ist aber: Wann kapituliert man? Allerdings kapituliere ich nie bei der Suche nach einem Wort. Zum Beispiel: Wie riecht Mottenpulver? Nach acht Stunden hatte ich das Wort grämlich.

*Frau Scherer, haben Sie Vorbilder beim Schreiben?*

Flaubert ist meine Hoheit.

*Haben Sie von ihm etwas gelernt?*

Ja, das einzig gültige Adjektiv. Er ist nie redundant. Er hat eine große Kenntnis von den Gegenständen des Alltags: Er weiß, wie ein Hutband gebunden wird. Mich interessieren solche technischen Abläufe. So eine knappe ingenieurhafte Richtigkeit, die Präzision einer Bastelanleitung. Die Abfolge unscheinbarer Handlungen.

Im Akkordeonspieler gibt es die Mittelpritsche im Zug. Das zu schreiben ist tückisch: Die obere Pritsche kann aufgeklappt bleiben, die untere ist die Sitzbank für das ganze Abteil. Die Mittelpritsche ist die Rückwand der unteren Pritsche und wird hochgeklappt. Das ist ein anderer Schwierigkeitsgrad als der Hund in den Schafgarben. Flaubert schildert solche Abläufe in drei ganz knappen Satzschritten. Mich interessiert Präzision, sonst eigentlich gar nichts. Wenn die Präzision gemeistert wird, bringt sie alles.

*Präzision und Schnelligkeit gehen nicht zusammen.*

Ich glaube schon, dass es eine Gedankendisziplin gibt. Also Leute, die sehr präzise und schnell sein können. Aber es gibt diese schreckliche Halbrichtigkeit. Außerdem erzeugt die gute Optik einer Seite auch eine zu schnelle Zufriedenheit beim Schreiben. Das ist sicher die Gefahr des Computers. Was verloren gehen könnte, ist dieses redliche Durchstreichen und es noch einmal probieren und dann wieder rückgängig machen. Man hat fünf Tage geschrieben, alles wieder verändert und kommt nach fünf Tagen doch wieder auf den ersten Satz zurück.

*Wann ist ein Satz gut?*

Wenn er schlackenlos ist. Wenn ich wenig atmosphärische Hilfsmittel bemühen muss und gestempelte Sätze schreibe, mir eine feste Kontur gelingt. Ich sitze lange an einem Satz, weil ich eine Vorstellung davon habe, wie er greifen muss.

*Die Geschichte der Hundegrenze hat eine sehr kunstvolle Dramaturgie...*

...die entstand nicht gezielt. Ich habe noch nie in meinem Leben ein Exposé abgegeben.

*Sie hatten keinen Plan für den Aufbau der Geschichte?*

Ich wusste nur, wie die Geschichte enden musste: Mit dem See, in dem die Hunde untergegangen sind. Und mit dem guten Ende für diesen einen Hund. Es gibt aber die Angst vor dem Anfangen. Deshalb rette ich mich in die furchtbare Arbeit des Tonbandabschreibens.

*Die Bänder mit den Recherchegesprächen schreiben Sie alle selbst ab?*

Beim *Spiegel* gab es auch Schreibbüros. Aber ich schreibe selektiv ab und manchmal auch formulierend. Die Schreibbüros schreiben jedes Wort ab – am Ende hat man soviel Papier, dass man wahnsinnig wird. Ich schreibe verdichtend ab. Und habe dabei manchmal Einfälle, die mir nachher, wenn ich sie haben müsste, vielleicht gar nicht mehr kämen. Ich wünsche mir manchmal so ein eingebautes Notizbuch, wie einen Herzschrittmacher. Beim Radfahren habe ich eine Idee für den Anfang einer Geschichte – und wenn ich nach Hause komme, ist sie weg.

*Machen Sie auch Notizen während der Recherche?*

Natürlich. Ich habe ganze Bücher, ganz dicke Hefte. Bei der Paris-Geschichte zum Beispiel habe ich nicht mit Tonband gearbeitet. Da habe ich jeden Abend in einem Restaurant gesessen und die Tagesernte festgehalten. Dann bin ich entspannt, anders als beim Verfassen des endgültigen Textes. Man ist locker: Und locker macht begabt.

*Wie nutzen Sie diese Aufzeichnungen beim Schreiben?*

Ich zerschneide die Tonbandprotokolle, die Aufzeichnungen müssen schreiberleichternd sortiert werden. Zum Beispiel füge ich alles zum Thema „Dorfleben an der Grenze" oder „Allgemeines Soldatenbefinden" zusammen.

*Verbirgt sich darin vielleicht eine Gliederung?*

Gliederung? Ich weiß gar nicht, was das ist. In die Hefte klebe ich dort kleine Fähnchen, wo ich etwas einfügen will. Das ist schon eine sehr große Vorarbeit, diese Hefte haben dann tausend eingeklebte Zettel.

*Aber Sie haben keinen Plan für Ihren Text? Sie sagen nicht, jetzt habe ich eine gewisse Zeit von diesem Hund erzählt, jetzt muss wieder etwas anderes kommen?*

Ich habe bestimmt eine Methodik, aber ich weiß nichts davon.

Ich habe mal eine Filmkritik geschrieben, da gab es einen Elch, der hatte sich in der Richtung vertan und ist in einem norddeutschen Weizenfeld gelandet. Es war ein Film von Hark Bohm. Der Elch ist also in dem Feld und lässt sich nieder. Und diese Abfolge des Hinsetzens ist sehr kompliziert, wie bei Kamelen, haben Sie das einmal gesehen? Als hätten sie zu viele Glieder, die sie einklappen müssen. Bis der Elch saß, war meine Arbeitsnacht zu Ende und ich hatte nichts über den Film geschrieben. Der Elch war nämlich nur das Eingangsmotiv. Über dem Elch hatte ich die Geschichte verloren. Man gerät auf ein Nebengleis und hat die Nacht vertan.

*Was bei aktuellen Filmkritiken ein Problem sein kann.*

Ich habe, glaube ich, drei Filmkritiken im *Spiegel* geschrieben. Da muss man, je nach Redaktionsschluss, schon den schnellen Wurf beherrschen. Beim *Spiegel* gibt es diese hochfähigen Journalisten, die in 48 oder weniger Stunden eine Titelgeschichte schaffen. Bei dieser Vorstellung wird mir schwindelig. Wer unbedingt Journalist werden will hat ein ganz anderes Naturell. Ich tappe wochenlang durch die Sümpfe des Grenzgebietes. Für einen richtigen nervösen Profi wäre das Zeitverlust. Ich kenne ja noch keinen Informanten und wende mich an keinen Bürgermeister. Ich gehe einfach los.

*Immerhin haben Sie als Journalistin bei Tageszeitungen in Köln und Berlin begonnen.*

Ich bin da hineingeraten, als 18jähriges Mädchen. Und ich habe auch damals nicht die Tagesroutine bedient. Es gibt ja diese Geschichten, die auf Waschzetteln basieren: Eine Bezirksverordnetenversammlung, der Berliner Wasserhaushalt. Da hat man schon eine ganze Seite gefüllt, wenn man schreibt, was auf der Tagesordnung steht und wer den Vorsitz führt. So etwas habe ich nie geschrieben.

*Was waren Ihre Themen?*

Immer Konkretes: Flohzirkus; über die Jahresinventur im Zoo, also das Vermessen der Krokodile, das Durchzählen der Paviane auf ihrem Felsen; über Rentner, die Paarungszeiten bei den Huftieren abpassen.

*Hat sich Ihr Schreiben verändert, im Laufe der Jahre?*

Ich habe gelernt „Nein" zu sagen. Das war beim *Spiegel*, Ende der 70er Jahre. Am Anfang ist man geltungsbedürftig, will Applaus für Polemik. Aber das ist oft billige Brillanz. Irgendwann kam der Zeitpunkt, an dem ich keine Guillotine mehr habe sausen lassen.

*Was war der Anlass für dieses Nein?*

Da gab es einmal den Themenvorschlag „FKK-Weltkongress in Madeira". Da hieß es, das sei etwas für mich. Und ich habe Nein gesagt.

*Warum haben Sie Nein gesagt?*

Die Geschichte ist schon vorpointiert durch Nacktheit. Ich würde zu jedem Hundekongress fahren, aber nicht auf den Nudistenkongress. Diese Geschichte hat Zwänge. Etwa die Beschreibung flatternder Hintern oder aus den Fugen gerutschter Büsten. Ich bin ja für Bekleidetheit. Fürchte eigentlich den Sommer für das, was er freilegt.

*Mich beschäftigt immer noch, ob Sie Techniken haben, das Ganze eines Textes zu entwerfen. Erzählen Sie jemandem Ihre Geschichten, bevor Sie schreiben?*

Nein. Was soll ich erzählen? Das wäre auch eine Vorwegnahme. Man kann, wenn man in einer guten Verfassung ist, viel besser erzählen als schreiben. Dann macht man etwas kaputt. Mündlich gelingen Zwischentöne, die auf dem Papier ihre Finesse einbüßen könnten.

*Stellen Sie sich beim Schreiben Ihre Leser vor?*

Ich ertappe mich dabei, durch einen Satz oder ein Wort bestimmten Leuten gefallen zu wollen, stelle mir ihr Vergnügen oder ihr Lob vor. Die vielen Leser stelle ich mir nicht vor.

*Ist das Schreiben leichter geworden im Laufe Ihrer Berufstätigkeit?*

Nein. Es war immer unökonomisch und ich war immer auffällig. Vielleicht hat man mehr Schreiberfahrung. Trotzdem ist jede Geschichte neu, wie eine Doktorarbeit.

Ich bemühe mich um eine unerbittliche Wörterdisziplin und dann stellt sich der Terror mit den Silben ein. Ich weiß was ich erzählen will, aber die Syntax sperrt sich gegen die Wörter. Ein Name wie Grand Hotel National kann jeden Satz kaputt machen. Aber das Hotel heißt eben so. Beim rein fiktiven Schreiben könnte ich das Hotel umbenennen. Zum Beispiel trägt eine Frau im Akkordeonspieler ein Siebenkaräter im Ausschnitt. Ich hänge ihr aber aus Gründen der Syntax einen Achtkaräter um, das ist vielleicht dokumentarisch nicht ganz seriös.

Aber ich kann eine Geschichte auch vor Angst liegen lassen, wochenlang. In diesen Wochen geht es mir nicht gut, denn das sind Arbeitsschulden. Erst gegen Ende deckt sich das Dach von allein, wenn man einmal über den First hinaus ist. Dann fliegt es einem zu.

Die einen schreiben Romane, würden aber nicht eine Nacht für ein Adjektiv dransetzen. Das sind andere Gewichtungen. Ich bin nicht effizient, aber penibel. Leider aber habe ich einen sehr nachlässigen Umgang mit der Zeit. Denn Zeit ist das Einzige, mit dem man wirklich kleinlich umgehen muss.

# Gegen die Uhr und den Chef im Rücken

## In der aktuellen Radioredaktion: Wie ein anderer Oberhand über den eigenen Text gewinnt

*Ulrich Hägele*

In einer aktuellen Hörfunkredaktion geht es ziemlich hektisch zu. Nachrichten kommen elektronisch, müssen nachrecherchiert und formuliert werden. Dazwischen Schaltkonferenzen, telefonierende Kollegen und Studiogäste, die man betreuen soll. Schreiben unter Zeitdruck, eine permanente Extremsituation: eine Meldung in vier Sätzen für die Nachrichten in zwei Minuten verfassen; einen Kurzbeitrag (KB) binnen zehn Minuten fertig haben – gesprochen ist er genau sechzig Sekunden lang. Oder einen gebauten Beitrag schreiben, also einen Beitrag mit Zitat-Einspielung, den so genannten O-Tönen, für das Mittagsmagazin. Thema: Katholische Schwangerschaftsberatung. Beginn der Sendung: 12 Uhr 30.

Die Pressekonferenz mit dem Bischof im 15 Kilometer entfernten Sitz der Diözese ist auf 11 Uhr terminiert. „Vorher keine Interviews", sagt der Referent. Die Kollegen von der Tagespresse zücken ihre Stifte und notieren, was der geistliche Würdenträger zu Protokoll gibt. Ein Radiobeitrag dagegen lebt vom gesprochenen Wort. Manche Reporter nehmen Pressekonferenzen in voller Länge auf. Nachteile: die Tonqualität ist selten optimal, wegen der meist schlechten Akustik und man hat bei Zeitdruck Probleme, passende O-Töne aus dem umfangreichen Material zu fischen. 11 Uhr 45. Die Pressekonferenz ist beendet. Ich eile mit dem Mikrophon zum Bischof. Drei Fragen, drei Antworten, drei O-Töne. In einem guten

Sendebeitrag kommen mindestens zwei Interviewpartner zu Wort. Eine junge Passantin auf der Straße liefert mir den kritischen Gegenpart zu den offiziellen Statements. Mein Beitrag ist also zumindest virtuell perfekt! Rein ins Auto, während der Fahrt die Zwischenmoderationen in Gedanken vorschreiben und ein paar Stichworte für die „Anmod", die Anmoderation, überlegen und immer auf den Verkehr achten. 12 Uhr 10. Im Studio. Noch zwanzig Minuten bis zur Sendung. Der Redakteur vom Dienst sagt, er bringe mich an zweiter Stelle. Also etwas Zeit gewonnen. Zunächst die drei O-Töne vom analogen Sony-Recorder in das digitale System einspielen, dann die Feinarbeit: Ähs, Ohs und Gemeinplätze eliminieren; die O-Töne einzeln abspeichern. 12 Uhr 25. Jetzt schnell an den PC und ein paar Sätze für die Moderatorin mit den wichtigsten Fakten getippt. 12 Uhr 30. Die Sendung hat begonnen. Ich beginne, meinen Beitrag zu schreiben. In diesen Situationen bewege ich mich wie in einem Tunnel und werde ganz ruhig. Ich sehe nur das Ende und nehme die Hektik um mich herum nicht mehr wahr. Konzentriert formuliere ich Wort für Wort, baue meine Sätze um die O-Töne herum. 12 Uhr 43. Der Beitrag „steht". Manuskript ausdrucken und ab ins Studio. Für eine Aufzeichnung vorab bleibt keine Zeit mehr. Der Redakteur sagt: „Heute machen wir das live!" Alltag in der aktuellen Hörfunkredaktion.

Dennoch gibt es auch für den gewieftesten Reporter manchmal Situationen, die noch etwas turbulenter sind als sonst. In diesen Extremsituationen läuft alles aus dem Ruder. Man glaubt, buchstäblich neben sich zu stehen. Einmal übernahm ich kurzfristig ein aktuelles Thema von einem erkrankten Kollegen: Ein Beamter, der in einer übergeordneten Behörde in der Verwaltung tätig war, erschien zwar jeden Tag zum Dienst, weigerte sich aber irgendwann, seine Akten zu bearbeiten. Die Papiere stapelten sich bald meterhoch im Amtszimmer und die Beschwerden häuften sich. „Bild" hatte über den „faulsten" Beamten des Landes berichtet und mal wieder die Stimmung gegen die Staatsdiener angeheizt. Der Mann sollte über ein Disziplinarverfahren aus dem Dienst entfernt werden, wogegen er eine Klage eingereicht hatte. Der brisante Vorgang stieß auf bundesweites Interesse. Mein Auftrag: innerhalb einer Stunde einen Kurzbeitrag für die regionalen Nachrichten und einen kommentierenden Sammelbeitrag für sämtliche ARD-Hörfunkstationen.

Zwei Beiträge in 60 Minuten zu stemmen, ist eine Aufgabe für Fortgeschrittene, aber kein Hexenwerk. Der Erlebnisgrad bei einem Gerichtstermin, einer Gemeinderatssitzung oder einer Bürgeranhörung hält sich in Grenzen. Mir fällt es aber meist leichter über Begebenheiten zu schreiben, bei denen ich als Reporter vor Ort war, als über Meldungen, die über den Ticker kommen und dann telephonisch nachrecherchiert werden müssen. Doch beim Beamten-Thema ist das anders. Diese Berufsgruppe steht permanent am Pranger; jeder fühlt sich als Experte. Zunächst formuliere ich anhand eines Agenturberichts und der recherchierten Unterlagen den Kurzbeitrag für die Nachrichten: Erst die Meldung mit den Fakten, die der Nachrichtensprecher vorliest, dann meinen Beitrag mit der Hintergrundinformation: sechs, vielleicht sieben möglichst geradlinig formulierte Sätze ohne Schnörkel. Fremdworte und Zahlenkombinationen vermeide ich, weil sie die Hörer eher verwirren – das Ohr neigt dazu, Informationen stark selektiv wahrzunehmen. Wird es zu kompliziert, klinken die Hörer sich aus. Zum Schluss noch ein paar Worte austauschen, einen Satz umstellen – fertig.

Neue Datei geöffnet: der Kommentar. Er gilt neben der Glosse als die Königsdisziplin des Hörfunkreporters. Heute komme ich mir vor wie beim Sport: Im Kampf gegen die Uhr sprachliche Hürden überwinden und meine stilistische Haltung wahren. Für das Schreiben des zweiminütigen Sprechstücks bleibt mir jetzt noch etwa eine dreiviertel Stunde. Einige eher beschreibende Passagen kann ich aus dem Kurzbeitrag übernehmen. Allerdings sollte ein Kommentar auch wirklich kommentieren und nicht etwa den bereits vom Sprecher oder Moderator vorgetragen Sachverhalt mit anderen Worten wiederholen – eine ganz besondere Herausforderung, der oft genug selbst renommierte Fernsehjournalisten nicht gewachsen sind. Mein Plan: Eine emotionslose Analyse des Falles mit Hintergrundinformationen ohne populistische Phrasen. Der Beamte hatte offenbar Probleme damit, dass ein wesentlich jüngerer Kollege, den er einst eingearbeitet hatte, nun an ihm vorbei zum Abteilungsleiter befördert worden war. Der so Zurückgesetzte verlor schließlich die Lust an der Arbeit. Am Ende würde ich die menschliche Komponente in den Mittelpunkt stellen und nach den Gründen für die fehlende Motivation fragen. Die Stichworte: Burnout-Syndrom, psychische Ursachen und Ausgrenzung von älteren Arbeitnehmern.

Dann plötzlich stellt sich mir ein Hindernis in den Weg, mit dem ich nicht gerechnet habe: Mein Chef betritt das Büro. Normalerweise meidet der Chef die engen räumlichen Gefilde des Reporters. Manchmal aber, wenn der Redakteur vom Dienst und sein Vertreter wegen Krankheit ausgefallen sind, muss sich der Chef mit den Sendeabläufen beschäftigen – eine für alle Beteiligten ungewohnte Situation. Die Nerven liegen dann blank. – „Wo bleibt denn der Sammel", fragt der Chef. „Du müsstest schon längst in der Aufzeichnung sitzen." – „Moment mal!", sage ich: „wir haben doch noch über eine halbe Stunde Zeit." – Pustekuchen! Die Leitung für die ARD steht schon 15 Minuten früher als geplant!!!

Meine eng abgesteckte zeitliche Planung ist mit einem Mal über den Haufen geworfen, als ob ich einen Zehntausend-Meter-Lauf in halber Zeit zu absolvieren hätte. Ein Ding der Unmöglichkeit. Mir läuft es eiskalt über den Rücken. Ich bin wie gelähmt. Und dann auch noch das: Der Chef will partout das Reporterzimmer nicht verlassen. Er stellt sich hinter meinen Stuhl, beginnt nervös mit den Armen zu rudern und schaut über meine Schultern auf den Bildschirm. – „Zeig mal, was du schon im Kasten hast!" – Etwa fünfzehn Zeilen sind geschrieben, noch nicht einmal die Hälfte des Beitrages. Ich formuliere nun laut, schreibe, vertippe mich, korrigiere und beginne von neuem. Der fürs schnelle Schreiben nötige Tunnel um mich herum existiert nicht mehr. Mein Chef diktiert mir im Stakkato unvollständige Wortfetzen, die ich mit eigenen Phrasen mische und in den Computer hacke. Er skandiert bald nur noch im Bildzeitungsstil. Mein schöner Plan ist Makulatur. Für Diskussionen bleibt keine Zeit.

Ich will wenigstens die psychologische Seite des Falles erwähnen, doch mein Chef meint: „Nein." Die Quintessenz des Kommentars bestünde darin, das träge Beamtensystem aufs Korn zu nehmen. – „Und der Mensch?" – „Der ist halt ein Opfer der Umstände", sagt mein Chef. Ich beuge mich, drucke das Manuskript aus, setze noch schnell ein paar die Zeichen für die Betonung und ab ins Studio. Die Aufzeichnung klappt auf Anhieb und die meisten Stationen übernehmen den Beitrag, aber in mir bleibt das Gefühl zurück, versagt zu haben. Ich habe nicht das geschrieben, was ich schreiben wollte. Lag es an mir, an der stressigen Situation, der auf die Hälfte reduzierten Zeit oder am Chef, der da mit einem Mal im Büro stand?

Ob bei absoluter Ruhe, mit klassischer Musik untermalt oder in der anregenden Atmosphäre eines Großraumbüros: Jeder hat sein eigenes Rezept, zu schreiben. Eine der schwierigsten Aufgaben ist es allerdings, einen Text gemeinsam mit anderen zu formulieren. Aus der Zeit der Gruppenreferate während des Studiums kennt man entsprechende Versuche. Sie sind zumeist gescheitert.

Schreiben ist für mich verknüpft mit einem Stück Abgeschiedenheit: Ich blicke in mein Innerstes und befördere Bilder und Gedanken zu Tage, die wiederum in Schriftform transformiert werden müssen. An der Nahtstelle zwischen bildlicher Vorstellung und textlicher Umsetzung ist der Prozess des Schreibens besonders anfällig für Störungen und Dysfunktionen. Einflüsse wie klingelnde Telefone und klönende Kollegen können mit etwas Übung von der Wahrnehmung ausgeblendet werden. Wenn der Vorgesetzte ein noch nicht fertig gestelltes Manuskript begutachten will, vermag indessen kaum jemand seine Ruhe zu bewahren. In diesem Moment wird die innere Klausur jäh unterbrochen. Man glaubt sich konfrontiert mit der eigenen Schwäche. Konfrontationen wiederum schaffen Widerstände. In deren Folge sind Reibungen unvermeidlich, die enorme Energieverluste mit sich bringen können. Der Körper verkrampft sich wie beim Speerwerfer, dem nur noch ein letzter Versuch zur Qualifikation bleibt. Die Leichtigkeit ist dahin, das Gehirn scheint entleert. Schreiben ist ein Ding der Unmöglichkeit geworden.

# Sortieren, gliedern und verwirren

## Der weite Weg vom Konzept zum Text

*Birgit-Sara Fabianek*

„Na, wie weit bist du mit deinem Essay über den Mythos Nacht?", fragt meine Kollegin munter am Telefon. „Ich lese die Geschichte gerne gegen, fax sie mir doch durch." „Jaa", sage ich gedehnt. „Das Konzept steht schon, im Prinzip ist sie fertig, ich muss sie nur noch eben runterschreiben." „Ach je", tönt es teilnahmsvoll aus dem Hörer. „Ist es wieder soweit? Beim wievielten Konzept bist du denn?" „Beim dritten", antworte ich kleinlaut.

Es ist ja nicht so, dass mir nichts einfiele. Im Gegenteil: Alle Einfälle schreien laut „Ich, ich, ich zuerst!", bis man sein eigenes Wort nicht mehr versteht. Und nicht mehr weiß, welcher Gedanke an welche Stelle gehört. Um nicht im Chaos zu versinken, gehe ich systematisch vor. Und schreibe ein Konzept. Ich notiere mir Szenen für Einstieg und Schluss, unterteile den Hauptteil in Kapitel wie Aberglaube, Symbole, Aufklärung und Romantik, Unheimliches und Fantastisches, gliedere die Kapitel in Absätze und die Absätze in einzelne Gedanken. Ich schreibe Beispiele über nächtliche Gestalten und Rituale heraus, schneide Forschungsergebnisse aus Kopien, tippe Nachfragen bei Experten vom Band, versehe sie mit Stichworten und klebe sie auf farblich sortierte Blätter, bis mir nichts mehr entwischen kann. Guter Plan. Seltsam nur, dass er auch diesmal nicht aufgeht.

Eigentlich unbegreiflich. Schließlich wende ich nur an, was Journalisten in Büchern und Fortbildungen immer wieder ans Herz gelegt wird: Wenn sich das Recherchematerial bis zur Decke stapelt, nicht einfach los zu schreiben, sondern sich das Thema vorausschauend so zurechtzulegen und in kleine Portionen zu unterteilen, dass man sich nicht von einem Einfall zum nächsten hangelt, sondern wie ein guter Wanderführer von Anfang an jede Wegbiegung kennt, die die Geschichte passieren muss.

Eh, voilà! Es entsteht eine Menge Papier, handschriftliche Kritzeleien aus Wolken, Pfeilen und Kringeln und seitenweise ausgedruckte Gliederungen, die das beruhigende Gefühl vermitteln, für jede Idee die passende Schublade gefunden zu haben. Nach und nach bedeckt sich der Schreibtisch mit beschriebenen Blättern, es wachsen Stapel, mal längs, mal quer geschichtet, die über Hocker und Ablagen wuchern und über den Boden kriechen. Das soll mir helfen, die Übersicht zu behalten. Hauptsache, ich produziere! Damit ich mich abends zufrieden vom Schreibtisch erheben kann und staune: 40 000 Zeichen! Was habe ich wieder geschafft. Dass am Ende ein unterhaltsamer Essay und keine Dissertation über die Kulturgeschichte der Nacht herauskommen soll – geschenkt. Zuversichtlich bette ich mein Haupt zur Ruhe.

Dass ich Zeit verliere statt weiterzukommen, wird mir am nächsten Morgen klar. Ich denke darüber nach, dass niemand einen Text über den Mythos Nacht braucht, schließlich leben wir in einer Zeit, in der es nicht einmal mehr richtig dunkel wird, weil Flutlicht und Festbeleuchtung jeden noch so kleinen Winkel erhellen. Ich erwäge umzusatteln und mich ganz der Wissenschaft zu widmen. Da könnte ich wenigstens alles aufschreiben, was ich weiß und für wichtig halte, ohne mit dem Nachdenken über Szenen, Dramaturgie und Vereinfachung Zeit zu vertrödeln. Ich grüble über das Bonmot der Bildhauerin Louise Bourgeois, die von sich behauptet, ohne ihre Arbeit keine freundliche Person sein zu können. Weil sie ihr gestatte, den Tag zu bewältigen, ohne die Möbel zu zertrümmern. Wieso ist es bei mir umgekehrt? Schließlich greife ich hinter mich ins Regal und schlage einen Band preisgekrönter Essays bekannter Kollegen auf. Doch sie regen mich nicht an und bringen mich auch nicht auf andere Gedanken, statt dessen wächst nur die düstere Gewissheit, dass es auch diesmal nichts werden wird mit dem Pulitzerpreis. Wozu dann erst anfangen?

Ich rede ungern darüber. Schon gar nicht mit Auftraggebern. Eigentlich weiß nur meine Kollegin darüber Bescheid, dass ich manchmal Tage meiner Arbeitszeit damit verbringe, ausufernde Vorlagen für einen einzigen Text zu schreiben. Und sie anschließend in die Papiertonne zu stopfen. Denn je mehr ich am Schreibtisch Ordnung schaffe, Bänder abtippe, Lang- und Kurzversionen von Protokollen anlege, Kopien zerschnipsle, bisoziiere und assoziiere, bis ich wirr im Kopf bin, desto unübersichtlicher wird es. Je ordentlicher das Konzept, desto unordentlicher werden meine Gedanken. Es ist furchtbar.

Wo liegt der Fehler? Es ist so: Den Essay über die Kulturgeschichte der Nacht habe ich mir selbst ausgesucht. Es ist mein Thema, keines, das mir die Redaktion aufgebrummt hat. Ein ebenso geistreicher wie amüsanter Einblick in die Nacht als Zeit der Angst und der Finsternis, der Liebe und der Fantasie soll es werden. An der Recherche habe ich mich so berauscht, dass ich am Ende ganz besoffen war: So viele Aspekte, so viele spannende Fährten. Klar, dass ich in ein so tiefgründiges Thema anders eintauche als in ein Interview zwischen Tür und Angel.

Doch die Materialfülle zu bändigen, ist nicht das Problem. Eher schon meine Fantasie. Je mehr Zeit ich in die Recherche investiere, desto grandioser muss der Text werden, der dieser Mühe überhaupt wert ist. Noch während ich am Telefon und in der Bibliothek, im Gespräch und im Internet nach Fakten und Anekdoten suche, sehe ich die Geschichte als Fata Morgana deutlich vor mir. Schon abgedruckt und mit Foto. Doch sobald ich sie vom Kopf auf den Bildschirm zaubern will, entwischt sie mir. Fort gesprungen wie ein scheues Reh. Versteckt in ungereimten Gedanken, die wie sperrige Hindernisse im Text herumstehen, verborgen hinter Klischees, von unförmigen Sätzen platt gedrückt. Je mehr ich nach der Geschichte suche, desto mehr verirre ich mich im Dickicht der Wörter. Bis ich völlig die Orientierung verliere.

Also versuche ich, sie zu überlisten. Ich such' dich gar nicht, sag' ich zu ihr. Du brauchst keine Angst zu haben, ich jag' dich nicht, ich tu nur so. Sieh her: Was ich schreibe, ist bloß ein Entwurf, nicht weiter ernst gemeint. Ist natürlich nur ein Trick. Wenn die Kreise, die ich ziehe, nur groß genug sind und ich sie kaum merklich enger ziehe, dann liegt am Ende zur Belohnung meine Geschichte in der Mitte, so meine schlaue Rechnung.

Je häufiger ich die Geschichte probeweise umkreise, desto lebloser wird sie jedoch. Spätestens nach zwei Entwürfen beginne ich zu zweifeln: Ist der Mythos Nacht überhaupt eine Geschichte? Wen sollte das interessieren? Ich bin mir nicht sicher, wo der Denkfehler liegt. Aber ich habe eine Vermutung: Wenn ich zu schnell fürchte, den roten Faden zu verlieren und von Anfang an entweder die vollkommene Geschichte oder gar keine erzählen will, dann bringe ich mich mit meinen Perfektionsansprüchen selbst zu Fall. Den Spaß am Erzählen gestatte ich mir leichter bei Texten, denen ich keine besondere Bedeutung oder Schwierigkeit beimesse. Logisch, dass es mich nicht wundert, wie spielend sie mir oft von der Hand gehen. Und wie war es bei diesem? Fragen Sie doch meine Kollegin.

# Wenn gar nix fließt

## Als alle Rezepte versagten: Ein Jahr Schreibblockade

*Dorothea Keuler*

Es ist, würde der exzentrische Christian Buddenbrook sagen, kein Schmerz, sondern eine Qual. Ich sage: es ist eine Pein, und das ist noch schlimmer. Pein, poena, Strafe. Aber, Herrgottnochmal, wofür denn eigentlich? Eine Pein: dieses Gefühl schreiben zu wollen, schreiben zu sollen und ... ja ... auch schreiben zu können, es aber nicht zu tun. Der Vergleich mit einer Verstopfung drängt sich auf. Er trifft zwar das verhockte Körpergefühl, auch das ruhelose Herumlaufen, um etwas in Gang zu bringen, stimmt. Trotzdem: keine angemessene Metapher. Wer verstopft ist, ist ja froh, wenn Scheiße herauskommt.

Nicht, dass ich das zu befürchten hätte. Ich weiß aus Erfahrung, sobald ich mich an den PC setze, fällt mir etwas ein, und meistens ist es auch gut genug, dass ich mich daran weiterhangeln kann, oft kann es sogar stehen bleiben. Andererseits: die Erfahrung muss nicht immer recht behalten. Also quäle ich mich tagelang, bis ich mich zu meinem Glück zwinge. Ich fange an, es geht, warum nicht gleich so?

Bei Fay Weldon, die ja nicht nur eine gewitzte Romanautorin, sondern auch gelernte Psychologin ist, habe ich gelesen, in satirischer Verzerrung zwar, aber doch so, dass die Wirklichkeit erkennbar hindurchschien, bei Fay Weldon also habe ich gelesen, dass das Hervorlocken eines kreativen Prozesses eine Art von Gestalt, eine Konfiguration erfordere, die nach außen hin bizarr, schrullig und absonderlich erscheinen mag, aber notwendig ist, damit der kreative Mensch produzieren kann. Meine Kreativität evozierende Konfiguration ist offensichtlich die lange, leidende Lähmung vor Beginn des Schreibens. Nachdem mir das klar war, gestattete ich mir, tagelang dies und das und jenes zu tun, nur nichts, was mit mit meiner Arbeit zu tun hatte, zu bummeln, zu trödeln, zu faulenzen, müßig zu gehen. Ohne Muße, keine Muse. Ich kultivierte die schöpferische Langeweile, denn ich wusste ja: irgendwo in meinem Unbewussten sind jetzt kreative Kräfte mächtig am Rackern und Wühlen. Baggermäßig schieben sie riesige Abraumhalden vor sich her – und heraus kommt ein Mäuschen von einem Feature, hübsch und nett zwar, aber nichts, was mir das Recht gäbe, den Geburtsschmerz stolz auf dem Altar der Kunst zu opfern.

Immerhin, Schreiben macht glücklich, solange die Arbeit fließt. „Flow" nennen es die Glücksforscher. Solange er dauert, ist alles gut, aber das Glück des Schreibens wird teuer bezahlt, weil man eben erst einmal nicht schreibt. Ziemlich lange. Was mich quält, plagt auch viele meiner Kolleginnen und Kollegen. Nicht, dass das ein Trost wäre. Dieses Gefühl: Ich pack's nicht. Ich krieg's nicht auf die Reihe. Sonst schon. Diesmal nicht. Diesmal ist es anders. So ist es immer. Ich fange an zu überlegen, ob ich mein Geld nicht lieber als Putzfrau, Küchenhilfe oder Bibliotheksaufsicht verdienen sollte. Glücklicherweise stellt mich in meinem Alter niemand mehr ein.

Immer, wenn ich mir sagte, jetzt rufst du die Redaktion an und sagst ab, ging es am nächsten Tag los mit dem Schreiben und alles floss. Ja, klar, Loslassen, das ist es. Es gehört zu jedem kreativen Prozess. Kekulé von Stradonitz fand die Struktur des Benzols im Traum, nachdem ihn, selbstredend, das Problem lange Zeit im Wachzustand beschäftigt hatte. Ich träumte, dass ich mich an einem Überhang festklammerte. „Schööön loslassen!" rief mein innerer Psychologe, „schööön loslassen", widerhallte das Echo im Alpenglühn. Ich fiel weich auf eine Schaumgummimatte, und gar nichts war gelöst. Denn dummerweise funktionieren die Tricks zur Selbstüberlistung nur so lange, wie man sie nicht bewusst einsetzt.

Ich dachte also: Morgen rufst du die Redaktion an – und nichts passierte. Tags darauf saß ich nicht am Schreibtisch und nicht am PC. Ich rief die Redaktion tatsächlich an. Aus meinem Problem mit dem Anfangen war eine Schreibblockade geworden. Entschlossen, offensiv damit umzugehen, sagte ich, was Sache war: Ich kann nicht mehr schreiben. Sollten sie mich doch für eine wehleidige, unprofessionelle Zicke halten, aber wenn ich schon am Arsch war, wollte ich mir wenigstens den Luxus der Wahrheit leisten.

Ich las viel und genoss das auch und fand eine Formel für meinen Zustand: Dafür, dass es mir schlecht geht, geht es mir sehr gut. – Irgendwann hat man sich eben ausgeschrieben, sagte eine Kollegin. In einem Radiofeature über Schreibblockaden – ja, das gab es inzwischen auch, leider nicht von mir – hörte ich mit Genugtuung die Feststellung: „Literarische Hochbegabungen sind von dem Phänomen der Schreibblockaden in ganz besonderem Maße bedroht." Demnach müssten zigtausende schreibende Kolleginnen und Kollegen literarische Hochbegabungen sein. Ich auch. Wie tröstlich. Auf diesen Lorbeeren sollte man sich doch den Rest seines Lebens ausruhen können.

Die erzwungene Ruhe dauerte Gott sei Dank „nur" ungefähr ein Jahr. Und das war noch nicht einmal vertane Zeit. Ich habe währenddessen für einen Roman recherchiert, den ich vielleicht einmal schreibe. Danach habe ich mich an ein neues Genre gewagt und ein Hörspiel verfasst, das einen Preis bekam, zwar nur den dritten, aber immerhin: kein schlechter Anfang. Ich habe ein paar Ideen für Radiofeatures ausgebrütet, die niemand haben wollte. Einige andere konnte ich unterbringen und – ohne den Hintergedanken, morgen die Redaktion anzurufen – auch SCHREIBEN.

# Grün im Gesicht

## Mehrere Radiofeatures zum gleichen Thema: Nur für das Portemonnaie ist das ein Glücksfall

*Udo Zindel*

Wir jagten nur so dahin, damals, über die aufgewühlte Ostsee. Gischtfahnen wehten über das Deck der *Seute Deern*, der zweimastige Jugendsegler rollte und stampfte wie ein wild gewordener Gaul. Es blies mit Beaufort 6, in Böen 7, und ich, noch keine 20 auf diesem Törn und aus dem tiefsten Binnenland, war stolz wie Harry: keine Spur von Seekrankheit! Im Gegenteil – ich hatte Bärenhunger und aus der Kombüse duftete es nach dem Mittagessen: Schweinebraten, Rotkohl und Salzkartoffeln. Plötzlich sprang die Kombüsentür auf und der Smutje trat, grün im Gesicht und eiligen Schrittes, an die Reling und opferte Neptun. Ich erschrak richtig, als ich ihn würgen und spucken sah: Ein Berufsseemann, der ein Leben lang auf Hochsee-Frachtern gekocht hat – und seekrank wird? „Mir geht das immer so, wenn es zu wehen anfängt", sagte er mir nach dem Essen. Er hatte es pünktlich aufgetischt, als sei nichts gewesen.

Seit ich als Journalist arbeite, verstehe ich den Smut nur zu gut. Ich habe mittlerweile 17 Jahre Berufserfahrung und hunderte von Beiträgen und Sendungen geschrieben – vom Dreiminüter für die Popwelle bis zum anderthalbstündigen Feature für den Sonntagabend im Kulturprogramm. Ich habe ein Lehrbuch über Radiofeatures verfasst, Fachartikel veröffentlicht, einen deutsch-amerikanischen Hörfunkpreis gewonnen, ich bilde junge Kollegen aus – und, wenn es zu wehen anfängt, werde ich immer noch seekrank.

Am Schlimmsten war es in den ersten Berufsjahren, als junger Reporter beim Landfunk. Die Honorare waren alles andere als üppig, die Themen wechselten ständig und ich hatte begriffen, wie brutal öffentlich die Arbeit von Journalisten ist: etwa eine Million Zuhörer jeweils auf SDR 1 und 3, hieß es, und immer noch 100.000 im anspruchsvolleren zweiten Programm. Ein zum Brechen volles Fußballstadion ist Dreck dagegen. Und da sollte ich also dieser unüberschaubaren Masse von Leuten, und darunter sind ja immer auch Kenner der Materie, den Milchmarkt in Süddeutschland erklären. Die Milch so unschuldig weiß – und das, was man mit ihr treibt nach dem Melken, so kompliziert, undurchsichtig und von mafiösen Machenschaften bestimmt. Ich verlor mich in endlosen Recherchen, wurde immer wirrer im Kopf und konnte keine vernünftige Zeile schreiben. Auf dem Höhepunkt meiner Seekrankheit floh ich aus dem Funkhaus in den angrenzenden Park, verkrampft, verzweifelt, sicher, im falschen Beruf zu stecken. In meinem Kopf rotierten endlos dieselben Gedankentrümmer, meine Brust war schmerzhaft eng, der Atem flach und gepresst, und mein inneres Taxometer tickte auch in diesen bitteren Minuten gnadenlos weiter: Ich bin doch Kleinstunternehmer, ich muss was verdienen, muss was zu Papier bringen! Die Sendung wurde übrigens, als sie endlich – und rechtzeitig – fertig wurde, freundlich gelobt: vom Vorstandschef der damaligen Südmilch AG. Wenig später musste das Unternehmen Vergleich anmelden und er floh nach Paraguay, um einem Haftbefehl zu entgehen.

Ich spürte, dass mich Stress dieses Kalibers krank machen kann. Eine Zeit lang dachte ich ernsthaft darüber nach, mich zu einem Landwirtschaftsexperten fortzubilden, damit ich solchen Stoffen gewachsen bin. Zu meinem Glück habe ich mich dagegen entschieden, bin meinem Herzen gefolgt und Generalist geblieben: Wenige Jahre später wurden die Landfunk-Sendungen in der ganzen ARD bis auf klägliche Reste abgeschafft.

Heute, als alter Hase, wähle ich meine Themen zu 90 Prozent selbst - und mit Bedacht. Ich schlage nur vor und nehme nur an, was mich leidenschaftlich interessiert und begeistert. Ist die Arbeit dadurch leichter geworden? Ja! Ist sie *leicht* geworden? Nein! In den letzten Wochen weht es wieder: wachsende Unruhe, nachts nur leichter Schlaf und im Kopf der alte Kampf zwischen meinen eigenen, hohen Ansprüchen und dem, was mir ganz profan, jetzt und hier, möglich ist. Ich feile und hoble an einem 55-minütigen Feature über das kalifornische Esalen-Institut, das bekannteste alternative Bildungszentrum der USA. Ein Ort voller origineller, interessanter Menschen, in grandioser Einsamkeit über dem Pazifik gelegen, 40 Jahre hoch spannende Kulturgeschichte. Zudem kann ich aus einem Schatz persönlicher Eindrücke schöpfen – ich habe dort viele Monate verbracht und den Ort und seine Licht- und Schattenseiten hautnah kennen gelernt. Ich weiß noch, wie ich mit dem Stereo-Mikrofon zwischen groben Felsblöcken am Strand von Esalen stand, um die gewaltige Brandung aufzunehmen. Ich staunte auf den in der Sonne flimmernden Pazifik hinaus, hörte eine Möwe schreien mit diesem Unterton von Fernweh, sah im selben Moment die Atemfontäne eines Grauwals aus dem Wasser schießen und dachte mir: „Das muss doch der beste Beruf der Welt sein!"

Ein Traumjob! Beim Schneiden des überreichen Materials – Interviews, Geräusch- und Musikaufnahmen – waren auch die Tontechniker hellauf begeistert. Kein Grund also, grün zu werden im Gesicht. Aber die Schreibkrankheit lässt sich, wie die Seekrankheit, nicht mit guten Worten vertreiben. Die Tage am Pazifik sind in weite Ferne gerückt. Ich wünsche mich wieder dorthin zurück – aber ich sitze in Stuttgart, auf dem Trockenen, und habe Abgabetermine einzuhalten, auf die Sendelänge zu achten, und das Format der Sendung zu treffen, den Tonfall des Großen Features. Es soll ja auch was Besonderes werden. Ich will das Stück doch, im Vertrauen, zu einem Wettbewerb einreichen, es soll gewinnen. Und schon beginnt es zu wehen und ich spüre ein elendes Kribbeln in der Magengegend.

Was da kribbelt, ist, soweit ich es sagen kann, meine Angst, „an der Wirklichkeit zu versagen" – kein echtes Bild vermitteln zu können von dem, was sich tut in der Welt, zu vereinfachen oder eine Tendenz hinein zu bringen. Und dann ist da die Angst, der gedanklichen Herkulesarbeit des Schreibens nicht gewachsen zu sein, keine Linie, keinen roten Faden zu finden, die Hörer zu langweilen. Obwohl mein Archiv mit eigenen Sendungen längst über mein Bücherregal hinaus gewachsen ist und auf den Wohnzimmerboden vordringt, zweifle ich allen Ernstes immer wieder, ob ich „ein richtiger Journalist" bin, oder ob ich nicht doch eher zum Gärtner oder Handwerker geboren bin. „Ich trage Gedanken als Knecht", schrieb Joachim Ringelnatz in einem seiner Gedichte, und darin fühle ich mich ihm verwandt. Andererseits – und ich weiß, das klingt paradox – treiben mich auch mein Ehrgeiz und mein Geltungsdrang: Ich will nicht nur zu den Guten in meinem Feld gehören, sondern zu den sehr Guten. Und obwohl ich mit den Jahren klüger werde, neige ich immer noch dazu, mich auf dem Weg zu diesem Ziel zu überanstrengen und zu überfordern.

In diesen Tagen rücke ich der aufkommenden Schreibkrankheit – wie meist – vor allem mit Disziplin zu Leibe. Nehme mir Thomas Mann, den wundervoll pedantischen Großmeister, zum Vorbild. Vor dem Mittagessen sind meine aktivsten Stunden, deshalb stehe ich zwischen halb sieben und sieben auf. Ich übe eine halbe Stunde Yoga und Feldenkrais, um Verspannungen zu lockern und meinen nervös davon galoppierenden Geist zu beruhigen. Dann eine Schale Müsli, im Sommer mit viel frischem Obst. Möglichst gegen neun, jedenfalls nicht nach halb zehn, breche ich auf. Sonst brauen sich rasant die Gewitterwolken eines schlechten Gewissens über mir zusammen und es beginnt zu donnern. Ich stehe dann sozusagen selbst hinter mir und treibe mich an, manchmal wie ein überstrenger Chef, der nur aufs Geld schaut und nicht auf die Seelenlage und Motivation seiner Leute.

Ich habe übrigens aufgehört, zu Hause zu schreiben, da drückt zu oft die Einsamkeit des Autors, die Decke fällt mir auf den Kopf, ich schmore nur im eigenen Saft. Vor ein paar Jahren habe ich die öffentlichen Büchereien Stuttgarts entdeckt, helle, geräumige Säle voller Menschen, die, wie ich, still und konzentriert über Papier gebeugt sitzen. Ich radle also los Richtung Württembergische Landesbibliothek, den Aktenkoffer mit Laptop im Rucksack. Rolle die Landhausstraße bergab, einen Blick durch die Fenster des Stuttgarter Balletts werfend, jedes Mal, auch im dichten Verkehr. Die Tanzposen der Elevinnen bringen einen Schuss erotische Spannung in meinen Tag, der auch die Arbeit würzt, und immer wieder sage ich mir: „Schau, wie hart die arbeiten müssen, bis der Eindruck von Leichtigkeit und Grazie entsteht!" Unterwegs wachsen die Unruhe und mein hausgemachter Leistungsdruck wie der Dampfdruck in einem Kessel, je näher ich der Bibliothek komme. An der Garderobe noch einen letzte Gnadenfrist, ein kurzer Schwatz mit der heiteren, angenehm im Boden verwurzelten Garderobiere – und dann finde ich mich an einem Tisch auf der Empore, und der Traumjob wird zur Knochenarbeit.

Woran liegt's? Jedenfalls nicht mehr daran, dass ich zu wenig wüsste. Mein Herz ist übervoll zum Thema Esalen, eine Flut von Eindrücken, Bildern, Begegnungen, Spannendem, Erzählenswertem. Ich könnte zwei oder drei Stunden Sendezeit füllen – und habe die Qual der Wahl. Weglassen, rauswerfen, kürzen tut weh, und nimmt mir, wenn es außer Rand und Band gerät, die Freude am Schreiben. Oder ist der Grund ein ganz anderer: Bin ich schlicht und einfach leer geschrieben? Es ist ja schon der dritte Auftrag zu diesem Thema, Mehrfachverwertung, damit sich der Aufwand lohnt.

Zuerst hatte ich einen 25-minütigen Beitrag für die *SWR2*-Sendung *Eckpunkt* über meine Zeit in Esalen verfasst. Es sollte mein erstes persönliches Stück werden, bei dem ich die journalistische Distanz bewusst aufgab und Beobachter und Beteiligter zugleich war. Ich suchte einen für mich neuen Stil, balancierte tagelang auf dem scharfen Grat zwischen erfrischender Offenheit und peinlicher Nabelschau, rang mit mir in der Frage: wie ungeschützt kann ich mich, will ich mich zeigen im Radio. Erstaunlich lange suchte ich nach einem Einstieg, der ja den Tonfall und die Dramaturgie der ganzen Sendung festlegt. Schließlich entschied ich mich für eine der schönsten Szenen aus meiner Erinnerung:

*Regie: Sendung beginnt mit akustischer Gitarrenmusik, verführerisch, betörend.*

Erzähler: Jeden Morgen, beim Aufwachen schon, habe ich das an- und abschwellende Rauschen der Brandung im Ohr, das uns hier alle Tage begleitet. Doch heute weht vom Pazifik her auch der warme Klang einer akustischen Gitarre durchs offene Fenster. Wer hört denn jetzt, um viertel nach sechs, schon Radio, wundere ich mich, noch bettschwer.

Als ich ein paar Minuten später den *California Highway Number One* entlang nach Süden laufe, entdecke ich am Rand der Straße Larry, einen Indianer aus Nordkalifornien, Rücken an Rücken mit der Angloamerikanerin Janina, der er Liebeslieder singt. Im ersten Licht der Morgendämmerung zeichnen die beiden sich wie Scherenschnitte vor der silbern schimmernden Weite des Pazifik ab.

Vor meinem inneren Auge ist die Szene noch immer wundervoll farbig – aber als Einstieg funktionierte sie nicht: Ich begann zwar wacker als Ich-Erzähler, driftete aber schon auf den ersten Zeilen ab zur Liebesgeschichte von Larry und Janina, und landete damit in sicherer Entfernung von dem, was ich eigentlich beschreiben wollte: meine eigene, vorsichtige Wiederannäherung an die Frauen, im selbst gewählten, kalifornischen Exil, nach einer schmerzhaften Scheidung. Ich begriff, dass es eine Frage von *ganz oder gar nicht* war, dass ein solcher Text seine Kraft aus der Offenheit und Ehrlichkeit des Autors gewinnt. Und aus dem neuen, offenen Stil, an den ich mich unter großen Windungen und Vorbehalten herantastete, ergab sich auch ein ganz anderer Einstieg. Die Sendung wurde schließlich zu einer meiner aufwendigsten, unwirtschaftlichsten und fruchtbarsten Arbeiten, zu einem Durchbruch. Jetzt sitze ich da, lese meine Zeilen von damals, und beneide mich selbst um den guten Einfall, den ich hatte, seinerzeit:

*Regie: Sendung beginnt mit akustischer Gitarrenmusik (aus dem Archiv), unbeschwert, schwebend, ein akustisches „Aquarell".*

Erzähler: Die Welt um mich ist zu einem Aquarell verlaufen: die Farben kräftig, die Umrisse verschwommen und ineinander fließend, als käme es nicht auf klare Linien und scharfe Grenzen an. Ich weiche in heissem Mineralwasser – ohne Brille stark kurzsichtig – in einem Becken aus kalifornischen *Redwood*-Bohlen. Hoch über der Küste von *Big Sur* blinzle ich auf die glitzernde Weite des Stillen Ozeans hinaus. Die tägliche Rennerei und Hetze beginnt von mir abzufallen, meine Gedanken werden träge und dünnen aus.

Nach ein paar Minuten ruft eine kräftige Alt-Stimme „Mr. Zindel?" und ich erkenne schemenhaft die Gestalt einer dunkelhäutigen Frau am Beckenrand. Das muss Ardell sein, die Afroamerikanerin, bei der ich eine Massage gebucht habe. Und so steige ich – auf dieser liberalen Insel im puritanischen Amerika – splitternackt aus dem heißen Wasser, lasse mich von Ardell in ein Handtuch hüllen und folge ihr auf verschwimmenden, zerfließenden Pfaden ins Massage-Zelt.

Alle Mühsal hatte sich gelohnt, fand ich, ich war glücklich und stolz auf die Sendung. Sie brachte mir einige der offensten, bewegendsten Hörerzuschriften, die ich je bekommen habe. Und als ich an den zweiten Auftrag ging – ein „Bildungsfeature" für *SWR2 Wissen* – stand der glorreiche erste Beitrag plötzlich wie ein Schatten über mir, und ich dachte: So gut kriegst du das nicht wieder hin! Jetzt war eine Sendung gefragt, die auf unterhaltsame, spannende Art über Esalen, seine Geschichte und Ziele informiert. Doch diesen grellbunten, quirligen Paradiesvogel namens Esalen in eine halbe Stunde Radio zu zwingen, war eine Riesenarbeit, die mich fast überforderte. Ich wollte kein plattes Loblied singen, wollte auch die wunden Punkte des Institutes ansprechen – und spürte, wie mein Selbstverständnis als kritischer Journalist gegen die Loyalität und Dankbarkeit anrannte, die ich dem Ort und seinen Menschen gegenüber empfinde. Und schließlich bat mich der zuständige Redakteur, der wusste, dass ich Esalen nicht nur als Reporter kannte: „Versuch doch mal, ob Du nicht, neben allem Wissenswertem, auch Deine persönlichen Erfahrungen einbringen kannst!" Ich habe den Gedanken hin- und hergewälzt, und ihn schließlich, die erste Sendung im Kopf, verworfen. Neben den spannenden Anekdoten aus den rund 40 Jahren Esalens, konnte der Ich-Erzähler, anders als im ersten Beitrag, nicht genug Konturen entwickeln, ihm blieb kein Raum. Schließlich habe ich, nach vielem hin und her, meinen ganzen Erzählertext einer grauen Eminenz, der Stimme „im Off" gegeben. Der Einstieg las sich jetzt so:

*Regie: Sendung beginnt mit Atmo 1 (Morgenschrei der Hähne, Gesamtlänge 3:45), dazu bitte Atmo 2 addieren (Brandung mit Plätschern im Vordergrund, Gesamtlänge 4:31)*

Erzähler: Über der Küste von Big Sur, Kalifornien, dämmert der Morgen. Hinter steilen Graten im Osten kündigt sich die Sonne an, im Westen taucht der Vollmond orangerot in den Pazifik. Das Gelände des Esalen-Institutes, des ältesten und bekanntesten alternativen Bildungszentrums der USA, liegt noch im Dunkeln. Nur aus einem großen Zelt, an einem Kliff über der Brandung, dringt Kerzenlicht.

„Is' ganz okay, die Sendung", meinte der Redakteur, als er das fertige Stück schließlich gehört hatte, mein Baby, das Produkt von rund zwölf Tagen konzentrierter Arbeit. Ich war enttäuscht über dieses schwäbisch-sparsame *feedback*, nach dem Motto: *Net gschempft isch gnug globt*. Ich bilde mir ein mit Kritik umgehen zu können, aber ich brauche auch Zuspruch, um mein Feuer als Autor am Brennen zu halten. Das Lob kam ein paar Wochen später, aus Basel, von einer Redakteurin des Schweizerischen Radios DRS, dem ich das Stück zur Übernahme angeboten hatte. „Ich habe die Sendung sehr gerne gehört", las ich in ihrer Mail, „ inhaltlich wie formal ist sie kostbar und sie passt perfekt".

Und jetzt? Der dritte Auftrag zum Thema, 55 Minuten für *SWR2 Radioart Feature*! Ein Glücksfall für das Portemonnaie: Mehrfachverwertung! Und ein Klotz am Bein – wieder eine neue Sendestrecke, ein neues Profil, eine andere Länge, ein anderer Redakteur, der *seine* Vorstellungen an das Thema herantragen wird, sobald ich ihm das Manuskript gebe. Und ich jongliere mit den beiden vorherigen, so verschiedenen Versionen und ringe um einen Mittelweg. Jetzt soll ja die Kür, das einstündige Kunstwerk folgen. Wie traurig, wenn's nur Kunsthandwerk bliebe! Ich brauche also den Ich-Erzähler um direkter, packender schildern zu können – und will doch meine höchst persönliche Geschichte nicht in jeder Sendung ausbreiten. Einmal reicht!

Um meine lahmende Begeisterung wieder auf Trab zu bringen, lese ich meine Tagebücher aus Esalen noch einmal, suche für diesen dritten Auftrag einen dritten Stil, will *featurehafte*, bildreiche, sinnliche Sprache, Farben und Gerüche, Gesprächspartner, die in Lebensgröße vor den Hörern stehen. Und ich suche abermals einen neuen Einstieg, will mich doch nicht wiederholen, finde aber keinen, der überzeugt – die Morgenstimmung war so schön. Also wärme ich die Szene des Bildungsfeatures auf, führe mich aber gleich zu Anfang als Ich-Erzähler ein, und breche die Schilderung mit Zitaten, die eine Vorahnung geben sollen, worum es in der Stunde gehen wird:

> *Regie: Sendung beginnt mit Atmo 1 (Brandung mit Plätschern im Vordergrund, Gesamtlänge 4:31) dazu bitte Atmo 2 addieren (Morgenschrei der Hähne, Gesamtlänge 3:45), dazu eventuell eine Spur Musik? Über diese Mischung:*

Erzähler: Über der Küste von Big Sur, Kalifornien, dämmert der Morgen. Im Osten, hinter den steilen Graten der Santa-Lucia-Berge, kündigt sich die Sonne an. Im Westen dehnt sich der Pazifik, silbergrau und kaum bewegt; und da, wo – eine halbe Erde entfernt – China und

Japan liegen müssen, taucht der Vollmond orangerot in die Fluten. Minutenlang beobachte ich das Spektakel, gebannt von der Ruhe, der Weite, den zarten Farben dieser frühen Stunde. Big Sur sei ein „Ort des Schweigens", schrieb der deutsche Schriftsteller Horst Krüger, als er Anfang der 70er Jahre hierher pilgerte – „der stillste Punkt in Amerika, ein Heiligtum für Eingeweihte." Und Henry Miller, der hier zwanzig Jahre seines Lebens verbrachte, meinte:

Zitator Miller: Wenn die Seele eine Arena suchen müsste, wo sie ihre Qualen vorführen kann, wäre Big Sur das Gegebene. Man fühlt sich ausgeliefert – nicht nur den Elementen, sondern dem Blick Gottes. Nackt, verwundbar steht man vor einem überwältigenden Hintergrund von majestätischer Macht.

Im Laufe der Monate, die ich an den 34 Seiten dieses Manuskriptes arbeite, entfache ich noch ein letztes Mal mein Feuer für das Esalen-Thema und klemme mich mit voller Kraft dahinter. Ich ziehe mich sogar auf einen einsamen Tiroler Bergbauernhof zurück, um durch nichts und niemanden abgelenkt zu werden. Und ich spüre, dass nach diesem letzten Aufgebot auf längere Zeit nur noch kalte Asche von meiner Leidenschaft bleiben wird. Ich habe Mühe, meinen so oft überarbeiteten, umgeschriebenen Text zu lesen. Nach dem ersten Anlauf lasse ich das Manuskript wochenlang ruhen, um einen frischen, unverstellten Blick darauf zurück zu gewinnen. Aber auch das kann ich nicht beliebig wiederholen, die Arbeit muss ein Ende finden.

Jetzt steht nur noch der Feinschliff zwischen mir und dem Honorar, das ich schon längst brauchen könnte: Ein paar letzte, schwierige Textstellen, die ich noch mal neu formulieren will, ein kritisches Lesen, zwei- drei-, vielleicht auch fünfmal, ein Blick auf den Klang des Stückes, auf seine akustische Wirkung. Und? Gehe ich diese letzten Schritte an, hier und jetzt? Nein – stattdessen schreibe ich dieses

Buchkapitel, froh, dem Marathon-Lauf der Featurearbeit für anderthalb Tage entkommen zu sein. Ein Anstatt-Text, würde Eva Christina Zeller sagen (siehe ihren Beitrag in diesem Buch). Nächste Woche aber, kein Zweifel, geht's weiter mit der Esalen-Story, mit allerletztem Schwung und Mann'scher Disziplin. Fest versprochen, wird nicht dran gerüttelt! Vielleicht ist bis dahin auch der Wind eingeschlafen und die See wieder ruhiger.

# How to meet Susan: ...

## Auf dem schmalen Grat zwischen Idealisierung und Distanz

*Susanne Poelchau*

Ich weiß es noch genau. Die *eine* Frage, die mich 1987 beim Auswahlgespräch fast mein Volontariat gekostet hätte: Wer sind Ihre journalistischen Vorbilder?

Oriana Fallaci und Susan Sontag! Der Politikredakteur, der jedes Jahr zur Jagd nach Südafrika geht, wird schlagartig hellwach und reagiert sichtbar irritiert auf so viel kritisch-weibliche Potenz. Ab da werden seine Fragen ausgesprochen aggressiv und es ist klar: Ihm verdanke ich mein Volontariat nicht.

Mich haben die Texte von Susan Sontag und Oriana Fallaci schon als Schülerin fasziniert; zu einer Zeit, als ich zwar nicht jeden Satz, dafür aber genau verstand: Das sind Frauen, die nicht nur nett, freundlich und bemüht sind – wie man es mir beizubringen versucht hat – sondern die ihre Meinung unverblümt und pointiert zu Papier bringen. Die Krallen haben und keine Samtpfoten. Bei denen sich Intelligenz und Sinnlichkeit, Lebenslust und Denkfreudigkeit nicht ausschließen.

Und dann war Susan Sontag in Tübingen, kurz bevor ihr der Friedenspreis des Deutschen Buchhandels 2003 verliehen wurde. Ich hatte einen Interviewtermin mit ihr: Hart erkämpft, erst im letzten Moment fest zugesagt. Das einzige Interview, das sie dem Hörfunk während ihres Deutschlandaufenthalts geben wollte.

Ich sitze am Schreibtisch, um mich herum Bücherstapel und Artikel von und über die amerikanische Schriftstellerin und Essayistin. Eine

Woche habe ich Zeit, um ein Porträt über sie zu schreiben. Eine Woche, in der ich mir unser Gespräch auf Band wieder und wieder anhöre, in der ich stundenlang an die Wand starre, in der ich auswähle und wieder verwerfe, was in die Sendung hineingehört, an Formulierungen feile und mir vor allem klarmachen muss wie ich eigentlich zu dieser Frau stehe, die so lang mein Vorbild war.

Vor unserem Gespräch hatte ich noch mal alles gelesen, was im Zeitungsarchiv über sie aufzutreiben war: Susan Sontag über AIDS, den 11. September, und über Kriegsphotographie. Susan Sontag über Amerika und Europa. Susan Sontag, die angeblich launisch sei, unduldsam, rasch genervt von Journalisten. Aber auch witzig, schlagfertig und zugewandt, wenn sie ein Thema interessiert. Susan Sontag faszinierend schön, dunkel, erotisch auf den Photos ihrer Freundin Annie Leibovitz.

Nicht nur eine Freundin hat mich nach dem Interview gefragt, ob sie immer noch so unverschämt gut aussieht mit über 70. Es ist ganz klar, um ihr Aussehen komme ich nicht herum. Ich muss einen Weg finden, sie zu beschreiben, ohne dabei nur Klischees zu bedienen. Wie zum Beispiel kann ich zum Ausdruck bringen, wie dynamisch und jung sie wirkt, aber dass sie das nicht „trotz ihres Alters" tut? Denn das ist eine Aussage, die ich ausgesprochen dämlich finde. So als ginge es nur darum, dem Alter zu entkommen.

Zitat aus SWR2 Eckpunkt:

Susan Sontag sitzt zurückgelehnt auf ihrem Stuhl vor einem vollen Auditorium.

Sie trägt eine erdfarbene Bluse über der Samthose, dazu eine auffallende Kette. Immer wieder wirft sie ihr langes, dunkles Haar zurück über die Schulter. Die dicke weiße Strähne, die jahrelang ein optisches Merkmal von ihr war, ist derzeit schwarz gefärbt. Während sie den Ausführungen ihres polnischen Poetenfreundes Adam Zagajewski folgt, tastet sie mit schwarzem Echsenblick unter halbgeschlossenen Lidern den Raum ab. Aufmerksam registriert sie jede atmosphärische Veränderung. Plötzlich strafft sie sich, wirft das Haar mit einer raschen Geste zurück, macht eine treffende Bemerkung und grinst wie ein junges Mädchen in die Runde. Dann lehnt sie sich wieder zurück, und führt ruhig den Gedanken weiter, den ihr Kollege eben begonnen hat. Er wird zur Randfigur, sie zieht alle in ihren Bann mit ihrer gutturalen, rauchigen Stimme. Wo gerade noch der eine oder andere auf seiner Bank hin und her gerutscht ist, mit dem Kugelschreiber Strichmännchen gemalt oder der Nachbarin etwas zugeflüstert hat, herrscht jetzt atemlose Stille. Es ist, als würde man ihr beim Denken zuhören. Als würde all das, was sie zu sagen hat, genau jetzt entstehen. Und Susan Sontag hat wieder einmal einen jener magischen Momente kreiert, in denen das Intellektuelle tatsächlich ungeheuer erotisch ist. So wie sie es 1966 in ihrem berühmten Essay „Against Interpretation" gefordert hat.

Das war einer der ersten der Essays, die ich von ihr gelesen habe. Früher. Beim Wiederlesen vor dem Interview war auch die Bewunderung von damals wieder da, und sie machte mich klein. Ich konnte zuschauen, wie sich die Ansprüche förmlich aufbliesen in mir und mich verunsicherten: Ins Gespräch kommen wollte ich mit ihr und sie nicht nur abfragen. Wissen, wer sie ist, wie sie denkt. Und selbst keine schlechte Figur abgeben. Peinlich, aber wahr. In meinem Hinterkopf pochte die Sorge: Hoffentlich findet sie mich nicht naiv, ungebildet, bescheuert, unter ihrem Niveau. Eigentlich wollte ich hingehen und sagen: Mensch, Susan, deine Essays sind einfach Klasse, die haben mich die Lust am Denken gelehrt, ich hab sie schon mit 17 verschlungen, stell Dir vor! Und Susan sollte sagen: Toll was aus dir geworden ist, Susanne, toll, wie ihr jüngeren Journalistinnen das alles macht! Dann hätten wir uns unterhalten können über unsere Leben, Hoffnungen, Hindernisse, Herausforderungen...

In Wirklichkeit hatte ich knapp eine Stunde ihrer Zeit im Hotelzimmer und eine Menge Auftraggeber, die jeweils andere Interessen und Ansprüche hatten. Wir brauchen was über ihre Haltung zu Europa, hat die Kulturredakteurin gefordert.

Sie müssen mit ihr über ihr neues Buch sprechen, verlangte die Frau vom Verlag, über die der Interviewtermin zustande kam. „Wie hat die eigentlich ihren Sohn allein großgezogen", wollte eine Redakteurin vom aktuellen Programm wissen. „Befragen Sie sie unbedingt kritisch zu ihrer Theaterinszenierung im besetzten Sarajewo", riet ein Literaturredakteur.

Susan Sontag war gutgelaunt und aufmerksam bis zu eben dieser Frage. Da ging sie hoch wie eine Rakete: „Wie kann man mir vorwerfen, dass ich damals an einem Kriegsschauplatz und unter Lebensgefahr Theater gemacht habe?" Sie wurde immer lauter: „How can people criticize me for that? You tell me!" Das war ein Befehl, keine Frage mehr. Und mir rutschte das Herz in die Kniekehlen, denn jetzt war es so weit. Ich war dran, ihre Fragen kamen wie Pfeile, spitz und schnell, während ich auf englisch dahinstolperte, mich mühte, innerlich verfluchte, dass ich überhaupt da gelandet war.

Jetzt beim Schreiben bin ich froh darüber. Denn so unangenehm die Situation selbst war, so aufschlussreich ist sie für mich. Wie geht Susan Sontag mit Kritik um, wie hat sie die Kritik von damals verarbeitet? Es hilft mir beim Schreiben, dass ich sie so emotional erlebt habe. Die Aufregung, der Druck, die Bedeutung, die all das für sie hatte, ist zum Greifen nah.

Zitat aus SWR2 Eckpunkt

In Sarajewo hat Susan Sontag Mitte der 90er Jahre auch ein Theaterstück inszeniert: „Warten auf Godot"! Beckett im Bombenhagel, das geriet vor allem zur Selbstinszenierung und wurde als solche heftig kritisiert. Darauf angesprochen reagiert die New Yorkerin heute noch – zehn Jahre später – tief gekränkt:

„Ich bin doch nicht nach Sarajewo gegangen, um Beckett zu inszenieren. Ich kam, um dort zu arbeiten und die Schauspieler dort haben mich gefragt, ob ich für sie das Stück inszenieren könnte. Ich habe es schon so oft gesagt, aber bestimmte Leute scheinen es nicht hören zu wollen. Sie haben mich gefragt: Wer ist denn gekommen um „Warten auf Godot" zu sehen? Und ich habe geantwortet: Die Leute, die auch vor dem Krieg ins Theater gegangen sind. Die normale, gebildete Mittelklasse, die früher nach Wien in die Oper gefahren ist. Was ist das für ein überheblicher, arroganter Standpunkt anzunehmen, dass Menschen im Krieg keine normalen Bedürfnisse haben? Die Leute lassen sich scheiden, sie verklagen sich gegenseitig, sie feiern Geburtstag. Das zeigt doch einfach nur den Mangel an Vorstellungskraft der Leute. Sie würden nie so etwas sagen, wenn sie wüssten, wie es im Krieg wirklich zugeht." Es ist als habe man auf einen Knopf gedrückt mit der Frage, wie das denn war damals in Sarajewo. Susan Sontag kann gar nicht aufhören. Sie verteidigt sich noch einmal, betont, dass ihr Aufenthalt in der belagerten Stadt keine einmalige Stippvisite war, dass sie jedes Jahr mindestens einmal hinfahre um ihre Freunde zu besuchen...

Lange habe ich an den folgenden Sätzen rund um die Zitate gefeilt. Susan Sontags Empörung über Leute, die aus der Ferne über sie urteilen, kann ich nachvollziehen. Aber ich verstehe nicht, warum sie so defensiv ist, sich sofort verteidigt, anstatt sich einfach zu erklären. Ich hatte sie das auch gefragt, aber keine Antwort darauf bekommen. Da verrutscht meine Bewunderung für sie ein wenig und es gibt so etwas wie einen zweiten Blick auf sie. Der mir hilft. Denn mit etwas mehr Distanz fällt es mir wesentlich leichter, über sie zu schreiben:

Zitat aus SWR2 Eckpunkt:

Susan Sontag ist eine Person der Öffentlichkeit. Alles, was sie sagt und tut, wird von den Medien wahrgenommen. Im Unterschied zu den meisten Schriftstellern kann sie sicher sein: Was immer sie schreibt, wird auch gedruckt. Wo immer sie auftaucht, lauschen ihr alle gebannt. Da wirkt es fast naiv, wenn sie fordert, nicht jede ihrer spontanen Entscheidungen auf die Goldwaage zu legen. Wenn sie verlangt, ihre Handlungen nur konkret, nicht aber symbolisch zu verstehen.

Sie mag sich selbst nicht definieren und sie mag auch nicht ständig definiert werden. Unbequem – das Wort kann sie schon nicht mehr hören. Diva – da wird sie sauer. Vermittlerin zwischen Amerika und Europa – da stöhnt sie laut. Susan Sontag hasst es, wenn sie in Schubladen eingeordnet wird. Und davon gibt es viele. Um nur einige zu nennen: „Das öffentliche Gewissen Amerikas", „die Vorzeige-Intellektuelle", die „Schöne", das „Biest".

Klar, es ist ein Kunstgriff, wenn ich diese Klischees zitiere und dadurch reproduziere ohne mir selbst die Hände schmutzig zu machen. Wird tausendfach praktiziert von Journalisten. Das ist aber keine Entschuldigung. Stecke ich Susan Sontag auf die Weise nicht genau in die Schubladen, denen sie entkommen möchte? Das sind Fragen, die mich beim Schreiben quälen. Und wäre da nicht der knappe Abgabetermin, so hätte ich die Passage wahrscheinlich noch x-mal umgeschrieben. Abgabetermine sind Fluch und Segen zugleich. Ich würde sicher viele Artikel nie fertig bekommen, wenn ich nicht die Termine im Kreuz hätte. Diesmal bin ich besonders unsicher. Immer wieder prüfe ich den Text: Hat mir meine Bewunderung den Blick verstellt? Oder ist es genau umgekehrt: Habe ich mich möglicherweise, aus lauter Angst zu hingebungsvoll und ehrfürchtig zu sein, zu einer kritisch-distanzierten Haltung gezwungen? Und dann geht es auch darum abzuwägen, wie viel schreibe ich über „die großen Themen" – Politik, Kultur, Literatur – und wie viel Raum bleibt für Persönliches? Mich hat das in unserem Gespräch besonders interessiert. Zum Beispiel die Frage, wie bei ihr eigentlich Entscheidungen fallen, und wie sie sich ihre Projekte sucht. Sie mache keine Pläne, hat Susan Sontag geantwortet, Sarajewo zum Beispiel sei eine Spontanentscheidung auf einer Wohltätigkeitsparty gewesen.

Zitat aus SWR2 Eckpunkt:

„Sie kennen doch sicher auch aus Ihrem Leben den Unterschied zwischen Leuten, die bloß was hören und Leuten, die h i n-hören... Es ist eine Frage der Offenheit, man muss wach sein und springen, wenn's darauf ankommt." Deshalb schreibt sie auch nicht regelmäßig, nicht diszipliniert. Manchmal wochenlang keine Zeile, dann innerhalb von Tagen einen ganzen Essay. Morgens früh aufstehen und bis nachts am Schreibtisch sitzen, ist überhaupt nicht ihre Sache. (...) Susan Sontag interessiert sich für viel zu viele andere Dinge. Sie erinnert sich an eine Begegnung mit der amerikanischen Schriftstellerin Joyce Carol Oates: „Joyce sagte mal zu mir: Susan, Du könntest viel mehr Bücher schreiben wenn Du nicht dauernd ins Kino gehen würdest. Ich habe erwidert: Sorry, Joyce, das Kino lass ich sicher nicht......"

Beim Schreiben erinnere ich mich, dass an dem Punkt das Interview weniger Mühe gemacht hat, ja sogar Spaß. Auf dem Band höre ich, dass meine Stimme ab da anders klingt: Tiefer, voller, persönlicher. Auch Susan Sontag wirkt lebendiger, sie erzählt von den wunderbaren kleinen Kinos in New York, die sie an ihre Zeit in Paris erinnern, von Jazzclubs, in die sie manchmal spät nachts noch mit einer Gruppe von Freunden loszieht, selbst wenn diese sie aus dem Bett rausklingeln, von ihrer Liebe zur Musik, zu Büchern und zum Kino und ihrer tief sitzenden Abneigung gegen das Fernsehen. Sie erzählt, fragt zurück, lacht, denkt nach, hört zu. Aus dem Interview ist tatsächlich ein Gespräch geworden.

Jetzt fällt auch das Schreiben des Porträts leichter, es fließt fast von selbst. Da wo wirklich Kontakt da war, Interesse, Neugier und Lust ist es viel einfacher, die Eindrücke in Worte zu fassen. Und ebenso, wenn nicht Ansprüche, Ängste und Eitelkeiten den Weg verstellen. Wenn sie es doch tun, zum Beispiel weil man seinem Idol gegenübersteht, dann hilft meiner Erfahrung nach nur eins: Sich bewusst machen, dass es so ist, es dem Gegenüber möglicherweise sogar sagen und dann mitten hinein in die Situation. So wie Susan Sontag es beim Schreiben macht.

Zitat aus SWR2-Eckpunkt

„Romane sind wie Schiffe", erklärt Susan Sontag, „sie nehmen auf eine Reise in andere Länder und Welten mit." Vor 40 Jahren debütierte sie mit dem Roman „Der Wohltäter", zuletzt erschien „In Amerika". Es ist eine romantische Geschichte über eine Gruppe von polnischen Einwanderern im 19. Jahrhundert. Leicht, sagt sie, ist ihr das Schreiben nie gefallen, auch nach ihrem vierten Roman wird es nicht leichter: „Ich bin keine Schreib-Maschine. Der Anfang ist jedes Mal sehr schwierig. Es ist wie ein Sprung ins kalte Wasser. Ich stehe am Ufer und das Wasser ist eiskalt, und ich will nicht rein. Wenn ich mal drin bin, ist es okay und ich will nicht mehr raus... Aber es wird nicht leichter, eher härter. Ich weiß heute einfach mehr."

# Ein äußerst kapriziöses Gegenüber

## Wenn Wut und Trotz mitschreiben

*Beate Rau*

Alle sitzen sie heute Abend irgendwo unter freiem Himmel bei einem Glas Wein und genießen das Leben. Alle, außer mir. Gibt es nichts Besseres, als an einem schönen Sommerabend am Computer zu sitzen und schreibend über das Schreiben zu sinnieren? Das Leben kann verdammt ungerecht sein und das Schreiben einsam. Punkt. Welcher Teufel hat mich geritten, zu dieser Anfrage Ja zu sagen? Spielt das Wetter beim Schreiben eine Rolle, und wenn ja, darf es das überhaupt? Kann ich mir das überhaupt leisten als Profi, mich mit einem Text über das Schreiben zu outen oder beschädige ich dadurch mein Image? Und überhaupt, ich schreibe nie in der ersten Person, die Lektion habe ich gelernt: Es ist nicht professionell und Klasse hat es auch nicht.

In meinem früheren Beruf als Schauspielerin habe ich eine ähnliche Lektion ebenso gründlich gelernt. Wenn du auf die Bühne kommst und der Vorhang geht auf, interessiert es kein Schwein, ob du Kopfschmerzen oder Liebeskummer hast, ob es draußen brüllend heiß ist oder meterhoch Schnee liegt. Wenn der Vorhang aufgeht und die Vorstellung beginnt, wird gespielt. Ohne Wenn und Aber. Sonst disqualifizierst du dich als Profi und kannst gleich einpacken. Im Unterschied zum Theater sitzt beim Schreiben kein Publikum erwartungsvoll im Saal und freut sich darauf, ein Stück zu sehen. Nein, hier ist es umgekehrt, der Text muss zu den Lesern finden und nicht die Leser zum Text. Das Schreiben scheint sich also auf den ersten Blick grundlegend vom Theater machen zu unterscheiden, beim Nachdenken entdecke ich jedoch eine ganze Menge Verwandtes und Bekanntes.

Das fängt an mit der Überschrift oder szenisch gesprochen mit dem ersten Auftritt. Die Überschrift soll völlig Unbekannte neugierig machen auf das, was mir zu einem Thema eingefallen ist. Beim ersten Auftritt wie bei der Überschrift muss man wissen oder entscheiden, was man erzählen will, nur der Produktionsprozess unterscheidet sich. Für diesen Text etwa, so wird mir jetzt klar, habe ich noch keine Idee für die Überschrift. Noch ist offen, was ich eigentlich erzählen, oder komplizierter noch, was ich von mir preisgeben will. Mitunter verhält es sich mit dem Schreiben ähnlich wie mit dem tapferen jungen Mann, der um die Königstochter wirbt und vor der Vermählung drei eigentlich unlösbare Aufgaben bewältigen muss. Auch beim Schreiben gibt es Hürden, Fallstricke und regelrechte Untiefen, die man umgehen kann oder durch die man „einfach durch" muss. Es gibt aber, ähnlich wie im Märchen, auch Verbündete, treue Gefährten und überraschende Auswege. Die erste Hürde in diesem Fall: In einem „öffentlichen" Text über mich zu sprechen. Dies ist eine Premiere für mich. Hier tut sich kein anderer Weg auf als der wagemutige Versuch. Und wo ich schon mal dabei bin, zu versuchen und zu wagen...

Eine Zeitlang habe ich mich schreibend mit Literatur auseinandergesetzt und eine ganze Reihe von Porträts mehr oder weniger berühmter Autorinnen und Autoren geschrieben. In diese Zeit fällt ein Interview mit Charlotte Kerr, der Witwe von Friedrich Dürrenmatt, die nach seinem Tod ein Buch über ihre sieben gemeinsamen Jahre mit dem Schweizer Nationaldenkmal veröffentlichte. Die Begegnung mit ihr war die kürzeste und unverschämteste, die ich je als Journalistin erlebt habe. Frau Kerr war auf Promotion-Tour für ihr eben erschienenes Buch, ein Interviewtermin rechtzeitig und verbindlich vereinbart. Das hielt sie jedoch nicht davon ab, mich in der ersten Minute unserer Begegnung brüsk auflaufen zu lassen: „Interview? Nein. Steht ja alles in meinem Buch. Was, fotografieren? Nehmen Sie doch ein Bild vom Verlag." Ich war vollkommen perplex. Kalt erwischt. Im ersten Überraschungsmoment wollte ich überrumpelt das Feld räumen. Obwohl nicht auf den Mund gefallen, wollte mir nichts mehr einfallen zu dieser Situation, zu dieser Person, zu diesem Buch. Da flüsterte der Trotz in mir: „Du willst doch wohl nicht im Ernst von der Bühne gehen, bevor das Stück überhaupt angefangen hat!" Die Professionalität sekundierte: „Was, unverrichteter Dinge in die Redaktion kommen, obwohl das Interview zugesagt und das Porträt eingeplant ist?" Die Wut zischte: „Du wirst dich doch wohl nicht klein kriegen lassen, das wollen wir doch mal sehen, ob sie damit durchkommt!" Die Neugier und die Lust am Risiko schmeichelten unisono: „Und wenn es nichts wird, hast Du es wenigstens versucht, oder?" In Sekundenbruchteilen vollzog ich eine innere Kehrtwendung und entschloss mich, die nähere Bekanntschaft mit diesem überaus kapriziösen Gegenüber zu suchen. Das Interview kam zustande, Gräfin Kerr gewährte mir eine Audienz von wenigen Minuten zwischen Tür und Angel und ließ sich am Ende sogar zu einem Foto herab.

Später, am Schreibtisch, erwarten mich neue Untiefen: Die Wut und das Chaos haben es sich bequem gemacht und sich offensichtlich auf einen längeren Besuch eingestellt. Die Wut nehme ich mir zuerst vor, weil sie erfahrungsgemäß beim Schreiben am meisten stört, wenn ich sie nicht anhöre. Sie erinnert mich in allen Details an den demütigenden Umgang von Frau Kerr mit Journalisten und will einen hemmungslos subjektiven und hämischen Text erzwingen, indem sie mit der Schreibhemmung droht. Das Chaos räkelt sich auf dem Schreibtisch und heuchelt Mitgefühl: Wie um alles in der Welt willst du dieses Durcheinander an Fakten und Gefühlen, Eindrücken und Gedanken ordnen? Wie soll daraus jemals ein geordnetes, lesbares, sinnvolles Ganzes werden? Du wirst es nicht schaffen, das zu ordnen. Es wird über Dir zusammenschlagen und kein Mensch wird den Text verstehen. Die Schreibhemmung klopft an und rät mir in aller Freundschaft, es gar nicht erst zu versuchen, wo es doch eh nicht zu schaffen ist und daher gar keinen Sinn hat. Wozu dann die ganze Anstrengung?

Als Chaos, Wut und Schreibhemmung meinen Kopf mit Beschlag belegen und meinen Schreibtisch dominieren, ist der Moment für zwei weitere alte Gefährten aus meiner Schreibtruppe gekommen: Der Trotz und die Professionalität betreten die Szene. Sie kommen immer spät, dafür aber mit großer Zuverlässigkeit. Den Trotz kenne ich seit meinen Kindertagen und in meinem Erwachsenenleben habe ich ihn als unerschrockenen Streiter und Verbündeten schätzen gelernt. Auf seine unbedingte Unterstützung in Krisen kann ich mich verlassen. Der Trotz bringt das Durchhaltevermögen mit und den Willen, es zu schaffen.

Die Professionalität kommt mit einer Gruppe von weiteren Freunden, die sich als Unterstützer bewährt haben. Neugier und Berufsethos gehören ebenso dazu wie Qualitätsanspruch und Disziplin. Mir schwirrt der Kopf von diesen raumgreifenden Gestalten und ihren widersprüchlichen Botschaften. Wo in aller Welt ist hier noch Platz für strukturierte Gedanken zu einem Porträt von Charlotte Kerr?

Am Ende siegt, wie so oft, die Neugier auf das Sujet, auf mich selbst und auf das Schreiben. Im Fall Charlotte Kerr entscheide ich mich, die Details und die O-Töne, die mir die Wut so genüsslich ausbreitet, nicht beiseite zu schieben, sondern gezielt einzusetzen. Und zwar genau so, wie ich es gelernt habe: Beschreibend und nicht bewertend. Sollen sich doch die Leser ihr eigenes Bild von Frau Kerr und ihrem Buch machen. Ich erzähle in meinem Text so genau wie irgend möglich, meine Wahrnehmung und meine Sicht auf sie und auf ihr Buch. Und dafür habe ich, trotz der extremen Kürze des Interviews, genügend Stoff. Ich beginne ohne Gerüst, ohne Gliederung. Ich schreibe los, beginne zu erzählen. Meine Geschichte von Charlotte Kerr, ihrer Ehe mit Dürrenmatt, ihrem Buch und ihrer Begegnung mit einer kleinen Journalistin, die sich nicht abschrecken und nicht abschütteln lassen wollte. Die Hürden und Untiefen über-

winde ich schreibend, indem ich sie beschreibe. Untaugliche oder überflüssige Passagen lösche ich später.
Damit lässt sich endlich auch der alte Charmeur Spaß ködern und stellt sogar in Aussicht, ein wenig zu bleiben. Ich weiß ja, dass es ohne mich nicht geht, sagt er nonchalant und lässt sich probeweise auf der Schreibtischkante nieder. Die ganze vertraute Truppe alter Gefährten ist um mich versammelt. Ich bin gerührt. Wie oft haben wir dieses Spiel schon gespielt und jedes Mal kommen sie wieder. Stören, orakeln, schimpfen, schlagen Kapriolen, ziehen, zerren, treiben mich an, versuchen, mich zum Aufgeben zu bringen, schmeicheln, ermutigen mich und locken mich am Ende aus der Reserve. Letzteres gelang meiner Schreibtruppe auch dieses Mal, ein Textauszug:

„Das Buch, erklärt Charlotte Kerr zu Beginn ihrer gut besuchten Lesung („Sind das immer so wenig Leute hier?") dem interessierten Publikum, habe sie geschrieben, „um mit Dürrenmatts Tod fertig zu werden, was mir bis heute nicht gelungen ist". Man erfährt daraus viel über den verliebten Friedrich Dürrenmatt, noch mehr jedoch über Frau Kerr, die nicht müde wird, sich und ihre Qualitäten ebenso zu beschreiben wie ihre Schwierigkeiten mit dem Schweizer Urgestein. Die Anstrengung wird verständlich, denkt man an den mächtigen Schatten, den ein Künstler wie Dürrenmatt wirft. Im Text heißt es: „Ich bin zerrissen zwischen dem Wunsch, immer bei Fritz zu sein und der Unmöglichkeit, es in seiner Nähe, in der Aura seiner ungeheuren Kreativität, seines ständigen Schaffens auszuhalten, ohne dem Eigenes entgegen zu setzen."

„Die vollen Breitseiten", die in den Medien („Spiegel", Literarisches Quartett) auf sie abgefeuert werden, verletzen, ärgern sie. Ihrem eigenen Ratschlag aus dem Buch, „vielleicht sollte ich sie souverän ignorieren", vermag sie indes nicht zu folgen. „Ich mag schon gar keine

Interviews mehr machen", sagt sie, „aber wenn ich das am Telefon einem Journalisten sage, dann schreibt der so, als hätte das Interview stattgefunden." Pause. Seitenblick auf mich: „Ich weiß ja nicht, was Sie machen..." Mein Widerspruch verstimmt sie.

Warum das mit dem Alter und dem Foto so schwierig ist für sie? „Was, Sie kennen mein Alter? Woher?" Ihre wütende Bilanz über ihre 65 Lebensjahre: „Wer schaut schon gerne seinem eigenen Abstieg zu? Nein, Altern ist demütigend." Ob es denn wirklich gar nichts zu gewinnen gibt mit dem Alter, Gelassenheit oder Freiheit etwa? „Ich war nie von irgendwem unterdrückt, ich habe immer gemacht, was ich wollte." So habe sie auch ihr gesamtes berufliches Spektrum auf dem Prinzip „Trial and Error" aufgebaut: „Einfach immer anfangen."

Auch beim Filmen? „Na ja," gibt sie weltläufig zu Protokoll, „man schnuppert die Luft in einem Atelier und dann weiß man, wie gedreht wird, nicht?" Ihre elegante Erscheinung, ihre Prominenz, ihre Kratzbürstigkeit können ihre Scheu und ihre Verletzlichkeit nicht überdecken. Sie ist zwar deswegen nicht weniger schwierig und verletzend im Umgang mit Gesprächspartnern, aber wenigstens versteht man Charlotte Kerr besser, wenn man etwas genauer hinschaut."

In diesem Fall hatten meine Wut, mein Trotz, meine Neugier und meine Professionalität den größten Anteil am Zustandekommen des Interviews und des Artikels. Übrigens: Das Porträt von Charlotte Kerr ist ein Text, den ich auch heute noch ziemlich genau so schreiben würde und den ich anlässlich der Arbeit an diesem Text über das Schreiben mit Vergnügen wieder gelesen habe. Nicht zuletzt habe ich daran gelernt, dass sich Wut produktiv wenden und fürs Schreiben nutzbar machen lässt. Nur mit der am Ende publizierten Überschrift „Donna Quichottes Rosinantenritt" bin ich auch heute noch nicht glücklich. Dies wurde jedoch in der Schlussredaktion so entschieden.

Ein Detail aus dem Text über Charlotte Kerr passt erstaunlich gut zur Hintergrundgeschichte des Artikels und zum Prinzip, los schreiben und Hürden schreibend überwinden: Kerrs berufliche Karriere als Autorin und Filmemacherin basiert auf „Trial and Error" und der selbst gesetzten Maxime „Einfach anfangen". Das kann man wirklich von ihr lernen, vor „Error" kommt „Trial". Also dann…!

# Die Stimmen der anderen

## Wie viel Kritik verträgt eine schreibende Seele?

*Judith Rauch*

Dieser Artikel wird mir leicht fallen, das spüre ich. Das wird der reinste Durchmarsch. Ein Porträt. Porträts kann ich gut. Wolfgang Hess, der Chefredakteur von *bild der wissenschaft*, hält mich für eine hervorragende Porträtschreiberin. Herr Hess hat Recht.

Gerade hat mir sein Kollege vom Geschichts-Ressort ein Porträt des Gräzisten Joachim Latacz in Auftrag gegeben. Es war mein eigener Vorschlag. Denn der Mann ist der Idealkandidat für ein Wissenschaftler-Porträt: So witzig. So geistreich. So engagiert. Und so exotisch sein Fachgebiet, die Homerkunde.

Ich habe Latacz bei früheren Recherchen kennen gelernt. Es ging um die Ausgrabungen im antiken Troja. Bei der Pressekonferenz zur Stuttgarter Troja-Ausstellung ist er mir zum ersten Mal aufgefallen: Da hat jemand aus dem Publikum etwas zum Thema Homer gefragt. Und Professor Latacz ist aufgesprungen und hat, statt kurz und knapp die Frage zu beantworten, wild gestikulierend ein Plädoyer zur Rettung des Griechisch-Unterrichts gehalten. Eine Brandrede! Seine Nebensitzer haben ihn an den Ärmeln packen und auf seinen Stuhl herunterziehen müssen, um ihn zu stoppen. Diese Szene werde ich in dem Porträt verwenden können. Ganz klar.

Also auf nach Basel, den Professor wiedersehen. Er ist erfreut, dass er porträtiert werden soll und will mich erst einmal zum Mittagessen ausführen. Schon vor der Vorspeise hat er mir den neuesten Klatsch aus der Altphilologenzunft und ein paar frivole Witze erzählt. Na, so ein Schelm! Nein, bitte keinen Wein zum Essen!

Der Tag wird noch lang: Nach dem etwas informellen Auftakt erfahre ich im Laufe des Nachmittags eine Menge Interessantes über Lataczs Gelehrtenleben, seine aufregende Jugend in Krieg und Nachkriegszeit und über sein Spezialgebiet, die homerischen Dichtungen. Ich lerne seinen Assistenten kennen, besichtige die mittelalterlichen Seminarräume und die Bibliothek voll alter Schwarten. Als mich Latacz am Abend viel später als geplant zum Bahnhof chauffiert, ist mein Notizblock voll und ich habe Stoff genug für ein saftiges Porträt.

Denke ich.
Glaube ich.
Doch es kommt anders.
Tagelang tut sich nichts. Keine Zeile auf dem Bildschirm. Keine Idee für den Auftakt. Kein roter Faden. Keine Gliederung. Kein originelles Leitmotiv.

Das ist normal, tröste ich mich. Ich muss immer mindestens drei Tage brüten, bevor mir ein größeres Werk gelingt. Und ein Porträt für *bild der wissenschaft*, für meinen Bewunderer Hess und den erwartungsvollen Ressortleiter, das ist schon etwas Größeres!

Ich habe ja Ablenkung: Demnächst kommt meine Kollegin Katrin Bischl zu Besuch. Wir nehmen gemeinsam an einem Mentoring-Projekt des Journalistinnenbundes teil. Ich bin die Mentorin, die Ratgeberin, Kollegin Bischl ist die Mentee, die beraten wird. Dabei habe ich manchmal das Gefühl, die Rollen sollten besser umgekehrt verteilt sein.

Katrin Bischl schreibt nicht nur, sie unterrichtet auch. Alles rund ums journalistische Schreiben. Das kann sie gut, darin bestärke ich sie. Und ich bin froh, dass ich, als sie am Mittwochvormittag eintrifft, wenigstens ein paar Zeilen Latacz geschrieben habe. Schließlich will ich die Kollegin ja in punkto Zeitmanagement und Selbstmotivation beraten. Zufrieden bin ich allerdings noch nicht mit diesem Fragment: 20 Zeilen und noch kein einziges Zitat!

Kollegin Bischl berichtet, sie habe mit ihren Studenten (es ist ein Weiterbildungs-Studiengang für künftige Journalisten und PR-

Fachleute) neulich das Thema „Porträt" durchgenommen. Sie habe dabei zur Illustration, wie man Porträts schreibt, eines meiner Werke eingesetzt: ein Porträt der Politikerin Renate Schmidt.

„Oh", sage ich, halb geschmeichelt, halb ängstlich. „Und was haben die Studenten gesagt?"

„Ach, die kritisieren ja an allem herum", sagt die Kollegin. „Sie meinten, es wären zu wenig Zitate in dem Porträt. Ich hatte ihnen natürlich vorher beigebracht, wie wichtig Zitate sind, um einen authentischen Eindruck von einer Person zu geben."

„Hmm, das ist mir damals gar nicht aufgefallen ..."

Als meine Mentee wieder weg ist, zähle ich die Zitate in dem Schmidt-Porträt. Es sind zehn. Mehr als genug! Und jede Menge Anekdoten. Ich finde Anekdoten in Porträts mindestens ebenso wichtig wie Zitate. Eigentlich noch wichtiger. DAS sollte man mal den Journalistik-Studenten beibringen!

Und noch etwas anderes beschäftigt mich, das die Kollegin erzählt hat: Ihre Studenten hätten nicht geglaubt, dass die Politikerin Schmidt im Interview mit mir geweint hat! Sie hätten geglaubt, ich hätte mir diese Szene nur ausgedacht!

In meinem Artikel weint Renate Schmidt, das ist wahr. Ihr kommen die Tränen, als sie sich an ein Erlebnis aus ihrer Kindheit erinnert: Sie liest zum ersten Mal von den Experimenten des KZ-Arztes Josef Mengele an Kindern. Es ist eine Schlüsselszene für ihre politische Biographie.

Ausgedacht! Wie käme ich dazu, mir so etwas auszudenken? Haben diese Studenten keine Menschenkenntnis? Kein Herz? Oder nur keine Erfahrung?

Und schon sitze ich da und grüble: Wie viele meiner Interview-Partner sind schon vor meinen Augen in Tränen ausgebrochen? Das waren nicht wenige! Auch Männer waren darunter: Der berühmte Wissenschaftler, der auf dem Höhepunkt seiner Karriere mit einem Fälschungsskandal in seinem Labor konfrontiert wurde. Der alte Zirkusdirektor, der einer jüdischen Artistin das Leben gerettet hat. Der Obdachlose, der keine Chance mehr sah, jemals seine frühere

Familie wieder zu finden. Nicht immer habe ich diese Tränen zum Thema gemacht. Aber immer wieder erlebt.

Interviews zur Person sind eine emotionale Situation. Menschen sprechen über ihr Leben, über sich. Und dann weint man eben leicht. Was soll daran unglaubwürdig sein?

Latacz hat nicht geweint. Aber emotional war er schon. Er hat eine Menge anrührende und lustige Geschichten erzählt. Anekdoten die Fülle! Auf jeden Fall hat er die ganze Zeit gesprochen, so dass ich kaum zum Fragen kam. Da müssten sich doch auch Zitate finden lassen! Also noch mal ran an die Notizen!

Aber nicht gleich. Heute bin ich zu frustriert. Diese Studenten von Kollegin Bischl! Die haben mich völlig verunsichert.

Ob Herr Hess vielleicht Unrecht hat, wenn er mich für eine gute Porträtschreiberin hält? Auch Chefredakteure können irren.

Nächster Tag: Ich beschließe tapfer zu sein. Der Abgabetermin rückt näher. Ich gebe jetzt die einsame Heldin, allein auf der Bühne. Alle Kritiker werden vor die Tür geschickt. Alle flüsternden Stimmen zum Schweigen gebracht. Nur noch die Schemen meiner Leser lasse ich als Publikum zu.

Sie wissen es ja noch gar nicht, die *bild-der-wissenschaft*-Leser, was sie erwartet. Sie wissen ja noch gar nicht, warum sie Joachim Latacz lieben und Griechisch großartig finden sollen. Und warum sie (ja, auch Sie da hinten in der letzten Reihe!) unbedingt Homer lesen und in die Troja-Ausstellung gehen müssen. Aber ich werde es ihnen zeigen!

Ich. Kein anderer kann es jetzt. Hier sitze ich, Judith Rauch, mit meinen Notizen und meinen Erinnerungen an Professor Latacz. Ich bin in einer privilegierten Situation: Niemand hat diese Informationen außer mir. Ich bin aber auch in einer ausweglosen Situation: Es gibt keine Zweitbesetzung für meine Rolle. Also spiel!, sage ich mir. Schreib!

Sechs Stunden später ist der Artikel fertig. Wie? Keine Ahnung. Es lief einfach. Ich habe meinen Lesern nur die Geschichte erzählt. Die Geschichte, die eigentlich schon fertig war. Die ich ihnen in Gedanken seit Tagen erzähle, in kleinen Stücken. In den Tagen, in denen scheinbar nichts passiert. In den Tagen, in denen ich keine Kritik vertrage. Kein Drängen. Keine Ungeduld. Den unerträglichen Tagen. Den fruchtbaren Tagen.

Offensichtlich habe ich das Stück in Gedanken geübt und geübt und gar nicht gemerkt, dass es schon reif für die Aufführung ist. Doch nun steht die Inszenierung: Ein rundes Werk.

Selbst der Anfang ist geblieben: 20 Zeilen ohne Zitat. Das kann ich vertreten, denn ab Zeile 24 spricht Joachim Latacz. Und spricht und spricht.

Erfunden habe ich auch nichts. Natürlich nicht! Nur die Überschrift: „Der letzte Grieche". Das ist frech. Das ist gut! Jetzt kommt der Übermut zurück.

Einige Tage später. E-Mail vom Ressortleiter: „Liebe Frau Rauch, ich bin schwer beeindruckt! Großartig, wie Sie Latacz und seine Begeisterung geschildert haben. Der Mann springt einem ja förmlich entgegen."

Wochen später. E-Mail von Professor Latacz: „Liebe Frau Rauch, ganz herzlichen Dank für das hervorragende Porträt! Ihr Text kommt überall sehr gut an; er ist frisch und doch nobel. Ich danke Ihnen sehr!"

Na also. Hab's doch gleich gewusst, dass das ein Durchmarsch wird!

# Am liebsten mag ich Filme ohne Text

## Wahre Liebe verlangt ganze Hingabe: Vom Leiden der Regisseurin beim Schreiben

*Sabine Deichsel-Steininger*

Längere Fernsehfilme, zum Beispiel Features oder Reportagen, könnten von mir aus ohne Sprechertext gesendet werden. Das schon mal gleich vorweg. Schließlich erzählen die Protagonisten ihre eigene Story sowieso am besten. Und ich hätte weniger Probleme – mit dem Text.

Wenn ich an langen Fernsehfilmen arbeite, lebe ich zeitweise in einer anderen Welt. Mein Kopf arbeitet wie ein Kino. Mein Gehirn spult permanent Filme ab, aktuelle Projekte, an denen ich arbeite: Beim Geschirrspülen spricht Christiane F., eine ehemals prominente Berliner Drogenabhängige, mit mir. Auf dem Weg zum Einkaufen interviewe ich den Leiter der Kriminalpolizei in Lörrach. Beim Schlafengehen montiere ich ganze Bildabfolgen der Drogenszene. Ich überlege mir, wie ich ein Thema in Filmszenen umsetze. Fernsehen im Kopf.

„Frau Steininger, kommen Sie doch mal bitte in mein Büro!", ruft mein Chef.

Zack, jetzt bin ich wieder in der Realität. Doch während ich in seinem Zimmer auf eine Unterlage warte, schalte ich automatisch wieder um: Ich beobachte meinen Chef beim Telefonieren und denke: So wie der mit dem Kugelschreiber aufs Papier klopft, das wäre ein guter Zwischenschnitt, ein gutes Detailbild für diese Büroszene.

Ich bin nicht nur Journalistin. Ich fülle zwei Rollen aus: Reporterin und Regisseurin. Letztere Rolle fordert mich derart, dass ich mich bei langen Filmen ausschließlich auf sie konzentriere. Texten, einen Kommentar zum Film schreiben? Wenn ich in diese Rolle der Regisseurin schlüpfe, kann ich nicht parallel Texte entwerfen. Ich weiß zwar, in welcher Szene ich dem Zuschauer welchen Inhalt vermitteln möchte. Ich arbeite mit einem Konzept, mit einem ausgearbeiteten Drehbuch. Doch mit Beginn der Dreharbeiten kann ich nur noch in Bildern denken: in Szenen, Einstellungen und Übergängen.

Mein Körper reagiert schon Tage vor Filmbeginn wie ein Läufer vor einem Marathonstart. Ich isoliere mich. Ich will alleine sein. Ich will mich – wie ein Marathonläufer auf seine Strecke – ganz und gar auf mein Filmprojekt konzentrieren. Ich ziehe mich aus dem Alltag zurück. Ich verlasse meine Familie und schlafe in einem Hotel. Nichts darf mich bei meiner Vorstellung stören wie der Film aussehen könnte.

Wenn ich dann endlich am Ziel ankomme, den Schneideraum mit einem fertig geschnittenen Fernsehfilm verlasse, beginnt ein Albtraum für mich: Ich bin erschöpft. Ich fühle, das Projekt ist für mich abgeschlossen. Warum muss um Himmels willen noch ein Kommentar dazu?

Ich sitze am Computer. Es hapert schon beim ersten Satz. Auf dem Fernsehbildschirm verfolge ich die ersten Szenen des Films. Ich spule das Material hin und her. Ich habe keine Idee. Ich bin wie leer. All meine Energie habe ich beim Arrangieren der Filmszenen verbraucht. Ich stehe auf und gehe ans Fenster. Ich seufze. Ich kann nichts schreiben. Zwanzig Minuten brüte ich jetzt schon über dem ersten Satz. Morgen Mittag ist Abnahme – beim Chef persönlich. Bis dahin muss alles fertig sein. Auch der Text! Hilfe Kollegen, wer kann mir etwas schreiben? Es bringt nichts. Ich muss zurück an den Computer.

Dreißig Minuten Film liegen – weil ohne Text – wie nackt vor mir. Bunte Bilder im Fernsehen, graue Seiten auf dem Computerbildschirm. Siebzehn DIN-A4-Seiten Text muss ich füllen. Eine Strecke von umgerechnet sechshundert Zeilen à zweiundfünfzig Anschlägen. Horror. Das einzig Gute: Ein kleiner Teil meines Textes steht schon.

Das sind die Aussagen der Interviewpartner. Auch Geräusche und Musik brauchen an manchen Stellen keinen Kommentar. Ich rechne nach und überschlage: Es bleiben rund dreihundert Zeilen Text. Ich nehme mir vor, lieber irgendetwas zu schreiben, als immer auf den leeren Bildschirm zu starren. „Jetzt fang doch einfach mal an", sage ich laut zu mir. Es geht nicht. Ich stehe wieder auf und gehe zum Fenster. Mir fallen Drehorte ein, Interviewszenen, Geräusche, Gerüche. Das alles ist lebendig, als sei ich noch am Drehort in Berlin.

Mein Fernsehfeature handelt von Christiane F. Vor mehr als zwanzig Jahren Deutschlands berühmteste Drogenabhängige. Das Buch über ihr Schicksal wurde zum Bestseller. Der anschließende Film war einer der größten deutschen Kinoerfolge der 80er Jahre. Christiane F. fixte mit 13 Jahren Heroin. Zum Zeitpunkt unserer Dreharbeiten mit Christiane F. ist der Junkie von damals erwachsen, aber längst nicht lebenstüchtig. Diese Geschichte erzählt mein Film. Er ist Rückblick und Analyse zugleich.

Ich setze mich wieder und schaue mir die erste Filmszene an: Schwenk, Bahnhof Zoo nachts.

Endlich. Meine Finger tippen auf die Tasten des Computers. Ich texte: „Berlin, Bahnhof Zoo. Einstige Heimat von Christiane F., Deutschlands berühmtestem Junkie." Ich überlege, ob sie wirklich der berühmteste Junkie war? Was ist mit den Drogenabhängigen von heute: Benjamin von Stuckrad-Barre, Christoph Daum? Der Anfang muss plakativ sein. Der Zuschauer muss dranbleiben. Ich muss die Message 'rüberbringen: Dieser Ort und diese Frau sind wichtig, auch wenn alles schon mehr als zwanzig Jahre her ist. Ich kann nicht weiter schreiben. Meine Gedanken schweifen ab. Ich denke an Christiane. Wie einsam sie sich als Jugendliche in ihrem Berliner Hochhaus-Viertel gefühlt haben muss. Ihr Vater hat mir im Interview gesagt: „Und wenn sie gestorben wäre, ich wäre noch nicht einmal zu ihrer Beerdigung gegangen."

Ich schüttle meinen Kopf, als wollte ich aufwachen. Ich sage zu mir: Sabine, der Text wartet. Was sagst du auf das erste Bild Bahnhof Zoo nachts? Ich ersetze das Wort „Junkie" durch „Drogenkind". Ein blödes Wort, geht es mir durch den Kopf, als ich den ganzen Satz noch mal lese. Das Wort existiert in der deutschen Sprache nicht. Ich lösche es und schreibe wieder „Junkie". Wie soll ich das schaffen bis zur Abnahme? Ich lasse den Satz mit „Deutschlands berühmtestem Junkie" stehen. Soll doch der Chef morgen bei der Abnahme entscheiden, wer der berühmteste Drogenabhängige in Deutschland ist.

Als ich mit meiner Fernseharbeit begann, wusste ich noch nichts von den Schreibblockaden, die einmal kommen würden. Zu der Zeit hatte ich noch kein eingebautes Kino im Kopf. An meine Themen ging ich heran wie eine Zeitungsjournalistin: Wer, wie, wo, was ist passiert? Vor Ort notierte ich Fakten. Für die Bilder hatte ich den Kameramann. Wenn der mich fragte, ob ich Zwischenschnitte brauche, also Großaufnahmen von Details, verstand ich nur Bahnhof.

Bei kurzen Nachrichtenfilmen ging diese Art des Arbeitens noch gerade auf. Doch nicht bei Beiträgen mit einer Länge von zwei, drei Minuten. Ich lernte: Was ich dem Zuschauer sagen und in Filmszenen 'rüberbringen möchte, dafür bin ich verantwortlich. Ich muss mich wie eine Regisseurin in den Filmablauf hineindenken. Das Ende ist bekannt: Filme mit einer Länge von dreißig Minuten und mehr führen bei mir zu einer Schreibblockade.

Ich denke: Ich kann doch Texte flüssig schreiben, Reportagen für die Zeitung oder den Hörfunk. Ich überlege, warum mir das Schreiben dort leichter fällt? Wahrscheinlich aus einem ganz einfachen Grund: Hier habe ich nur ein Ziel, auf das ich mich konzentriere, den Text. Gleich bei den ersten Vorgesprächen mit den Interviewpartnern verarbeitet mein Gehirn die wichtigsten Aussagen zu einem vorläufigen Text. Ein Fernsehfilm ist komplizierter, auch im Kopf. Führe ich dort ein Vorgespräch, machen meine Gedanken viel mehr Wege: Wie setze ich das Gesagte fernsehtauglich um? Benötigt der Kameramann hier das Weitwinkel, der Tonmann vielleicht das drahtlose Mikrofon? Welches Licht ist angebracht: Lampen für Tageslicht oder Kunstlicht? Weil der konkrete Text so spät in mein Blickfeld rückt, fällt es mir schwerer, fürs Fernsehen zu texten als für die Zeitung.

Ich drücke am Sichtgerät auf den Knopf mit der Aufschrift „Forward" und spule das Bildmaterial zur nächsten Szene: Schwenk über den Berliner Straßenstrich. Ich bin nervös, spüre den Zeitdruck, rutsche auf meinem Stuhl hin und her. Mittlerweile sind zwei Stunden vergangen. Ich versuche mich gedanklich mehr von den Bildern und Schicksalen zu distanzieren. „Ich konzentriere mich jetzt ganz auf den Text", sage ich mehrmals laut vor mich hin. Schließlich nehme ich mir vor, das Bildmaterial nicht mehr laufend anzuschauen. Es verführt dazu, genau das zu texten, was Christiane F. dort tut oder einmal getan hat, nicht aber eine Analyse ihres Lebens zu schreiben. Um es verständlich zu machen: Die Szene „Berliner Straßenstrich nachts" spielt exakt an der Ecke, an der Christiane F. sich prostituierte, um Geld für Heroin zu verdienen. Würde ich hier – zu dieser Szene, wie auch zu anderen – nur eine Inhaltsangabe liefern, hätte der Film eine oberflächliche Aussage. Mein Film ist tiefgründiger und das macht es so schwierig zu texten. Am Ende meiner Analyse soll der Zuschauer die Person Christiane F. und ihren Lebensweg verstehen. Er soll begreifen, warum sie – im Gegensatz zu anderen in ihrer ehemaligen Clique – bis zum Zeitpunkt unserer Dreharbeiten nicht clean wurde.

Für mich bedeutet analytisches Texten eine weitere Rolle: Ich betätige mich als Psychologin ohne eine zu sein. Das ist mir unangenehm. Ich habe Ehrfurcht vor den Lebensgeschichten, die mir die Menschen anvertrauen. Ich stehe wieder auf und gehe herum. Ich bin verzweifelt: Bei einem Zeitungstext tue ich mich leichter, über eine individuelle Lebensgeschichte zu schreiben. Auch das liegt am Medium. Beim Zeitungstext kann sich die Person, über die ich schreibe, bedeckter halten. Im Fernsehen ist sie zu sehen. Wenn ich dazu noch einen Text packe, in dem ich das Leben der Person analysiere, habe ich das Gefühl, ich liefere sie dem Zuschauer aus. Schwierig. Schließlich arbeite ich fürs Fernsehen.

Ich will endlich schreiben. Dazu muss ich meinen Respekt vor der Geschichte von Christiane F. ablegen. Ich zwinge mich dazu, mir vorzustellen, ich schriebe ein Feature für die Zeitung. Für den Prozess des Textens bedeutet das: Ich muss mich von den Bildszenen lösen. Gleichzeitig darf aber keine Text-Bild-Schere entstehen. Das heißt, kein zu starker Gegensatz zwischen Text und Bild. Denn wenn Kommentar und Bild sich nicht ergänzen, entsteht ein Film, den die Zuschauer wie schräge Musik empfinden. Sie schalten ab.

Damit ich den Fernsehbildern entsprechend texte, schaffe ich mir ein Gerüst: Mit Stichworten halte ich den Inhalt der Filmszenen fest und ihre Länge. Zum Beispiel: „Christiane F. auf dem Bahnsteig, neun Sekunden". Das entspricht etwa drei Textzeilen. Ich schreibe auf, an welchen Stellen im Film Interviewpassagen gesendet werden und wie lang sie sind. Ich überlege, wie ich einen Zeitungstext anfangen würde? Allgemeiner als meinen jetzigen Filmbeginn. Ich würde den Leser auf den Ort, den ich beschreibe, kurz einstimmen. Also: Klappe. Bahnhof-Zoo-Text, die Zweite. Ich ändere den Anfang. Den Satz mit „Deutschlands berühmtestem Junkie", streiche ich, eventuell verwende ich ihn später. Ich schreibe: „Berlin, Bahnhof Zoo. Einst galt der Ort als Synonym für eine verlorene Generation. Als Synonym für Drogen, Strich und keine Zukunft." Ich lasse eine kurze Pause, bevor es textlich weiter geht. Ich finde die Worte langsam, aber meine Konzentration ist etwas besser. Nicht laufend abgelenkt von flimmernden Fernsehbildern, ordnen sich meine Gedanken, ich formuliere Sätze. Nach elf Zeilen überprüfe ich, wie mein Kommentar zum Filmablauf klingt. Ich lese laut, im Hintergrund sehe ich die Fernsehbilder. Im Großen und Ganzen hört es sich gut an.

Tief in der Nacht sitze ich immer noch an meinem Computer. Mittlerweile sind vierzehn Stunden vergangen. Ich bin reif für eine Kur. Der Zeitdruck lastet auf mir, der feste Termin der Abnahme. Die Angst, ohne gescheiten Text beim Chef zu erscheinen. Ich brauche morgen früh Zeit, um alles in Ruhe noch einmal zu lesen und eventuell zu korrigieren. Jetzt bin ich bei Minute 29.32 des Films. Es fehlt noch der Schluss. Im Film füttert Christiane F. am Spreeufer Enten.

Die letzten Sätze des Films sind immer etwas ganz Besonderes, eine abschließende Aussage des Ganzen. Zum Beispiel: Was hat die

Protagonistin aus ihrer Geschichte gelernt? Oder gab es ein Happy End? Nein. Christiane F. wartet nach eigenen Aussagen immer noch auf ein Happy End in ihrem Leben. Aber dieser Satz allein als Schluss, das ist ein bisschen dürftig. Um einen guten Schluss zu formulieren, muss ich wissen, was der Kern meiner Geschichte über Christiane F. ist. Die Hauptaussage ist doch: Christiane F. war populär. Sie hatte zahlreiche Hilfsangebote, die sie teilweise genutzt hat, und doch wurde sie – bis zum Zeitpunkt unserer Dreharbeiten – immer wieder rückfällig.

Ich stehe auf, drehe zwei Runden im Zimmer und setze mich wieder. Ich brauche mindestens zehn Minuten bis mir endlich etwas einfällt. Dann schreibe ich: „Im Buch und im Film war Christiane F. für viele die Heldin des Drogenmilieus. Im wahren Leben ist sie auf der Strecke geblieben. Heute gibt es nur noch wenig, was sie am Leben hält. Christiane F.: Ein Kind vom Bahnhof Zoo – wartet noch immer auf sein Happy End."

# Die Fabrikation von Glossen

## In vier Schritten zur Pointe

*Bernd Jürgen Warneken*

Gewiss: In einem ruhigen Zimmer sitzen, öfter zur Teetasse als in die Tastatur greifen, sich irgendetwas einfallen lassen, statt zu recherchieren – das Verfertigen einer Glosse hat wenig von Maloche. Es dennoch „Fabrikation" zu nennen, enthält einige Koketterie (Arbeiter der Stirn!), aber auch ziemlich viel Empirie. Zumindest scheint mir das so, wenn ich meine eigene, zehnjährige und vierzehntägliche Tätigkeit als Glossograph in Erinnerung rufe.

Das Werkstück, das es herzustellen galt, war recht streng genormt. Von außen stammten die Anforderungen a) 80 Zeilen, b) witzig sein, c) schwäbisch schreiben, aber für Nichtschwaben verständlich bleiben. Selbstauferlegte Normen kamen hinzu: Ich trat in jeder Glosse als Wurstbudenbesitzer „Hans am Eck" auf (ein Konglomerat aus „Hanswurst" und „Eckensteher Nante"), als keineswegs linker Populist, der sich regelmäßig in seinen eigenen Argumenten verfangen sollte. Ich schrieb nicht nach dem Conferenciersprinzip „Zehn Gags, zehn Themen", sondern suchte alle Pointen (hier verstanden als möglichst originelle Formulierungen oder Überlegungen) aus einem einzigen Thema herauszuholen. Und ich befand es für Leserrecht, eine Glosse nur dann zu Ende zu lesen, wenn etwa alle vier Zeitungszeilen eine Pointe kam, das heißt für meine Autorenpflicht, auf den 80 Zeilen mindestens 20 Pointen zu liefern.

Die Realisierung dieser Vorgaben gliederte sich – ich stelle das hier nur ein wenig schematischer dar, als es wirklich ablief – in vier Arbeitsschritte. Der erste bestand im Erstellen einer Kartei, in der ich potentielle Glossenthemen und entsprechendes Themenmaterial zusammentrug: Fakten, Zitate, Argumentationsweisen, Wortspiele. Die zweite Arbeitsphase begann etwa eine Woche vor dem Ablieferungstermin. Nun entschied ich, worüber ich schreiben wollte, und lief fortan mit einem Zettel durch die Gegend, auf dem ich Einfälle notierte. Zufrieden war ich, wenn die Schlusspointe und etwa zehn Einzelpointen schon vor dem Freitagnachmittag, an dem der Text geschrieben und abgegeben wurde, beisammen waren. Wenn ich einmal weniger Vorlauf hatte, etwa weil sich plötzlich ein aktuelles Thema aufgedrängt hatte, machte sich dies meist negativ bemerkbar: Statt Verfugungen gab es Sprünge und die besten Witze fielen mir erst am Samstag ein. Das hatte natürlich auch mit Grenzen der Begabt- oder Geübtheit zu tun. Aber ich denke, diese sind recht verbreitet. Ich kannte einige Glossisten, die anders als ich fest und ganztags angestellt waren und einfach nicht die Zeit hatten, ihre Glosse längerfristig zu planen. Sie klagten öfters darüber, dass dieses Genre mit Schnellschüssen kurz vor Redaktionsschluss nicht auszureizen sei.

Damit sind wir bei der dritten, der eigentlichen Schreibphase. Trotz aller Vorbereitung hielt ich mir dafür den ganzen Freitagnachmittag frei. Wenn es gut ging, brauchte ich zwei, wenn es schlecht lief, fünf Stunden, um – ich bleibe schematisch – den zehn vornotierten noch zehn improvisierte Pointen hinzuzufügen und das Ganze rund zu machen. Zu diesem Rundmachen gehörte es, dass ich Sätze vor und nach der Niederschrift laut vor mich hin sprach. Nicht nur, um ihren Rhythmus zu prüfen, sondern auch, um mein Glossen-Ich Hans am Eck zumindest lautkörperlich vor mir erstehen und Macht über mich gewinnen zu lassen. Überdies sollte die Selbstvorlesung wohl dabei mithelfen, die Chancen auf ein Leserlachen zu testen (dessen Klang der Witzeerzähler im Gelingensfall genießen darf, der Witzeschreiber aber entbehren muss).

Fabrikprodukte gehen am Ende durch eine Qualitätskontrolle. Meine Glossenfabrikation endete mit einem abendlichen Besuch in der – damals gab's das noch – Setzerei, wo ich einen Papierabzug meines nunmehr layouteten Texts erbat. Kein leichter Gang, weil ich mir bewusst war, dass die Setzer hinter meinem Rücken die Augen verdrehten, aber lohnend, weil zwei, drei, vier Fehler fast immer zu finden waren, und notwendig, weil viele dieser Fehler die Mundartwörter unverständlich machten und manche gar eine Pointe killten. Die eigenen und fremden Errata, die ich trotz allem übersehen habe, ärgern mich heute noch.

„Welch ein Aufwand!"
Stimmt.
„Soll man Zeitungsglossen denn so wichtig nehmen?"
Als Leser nicht. Als Autor schon.

*„Hans am Eck": Nachdruck aus dem Schwäbischen Tagblatt vom 9. Dezember 1989*

## Betr.: Heimischer Gefahrenherd

An die Landespolizeidirektion Tübingen

Liebe Freunde,

dies isch kei Anzeige, sondern vorerscht bloß ein sachdienlicher Hinweis aus dr Bevölkerung. Also: Es gibt konkrete Anzeicha dafür, daß in Tübingen neuerdings gewisse Bücher verbreitet werdat, in denen systematisch mr möchte scho saga Volksverhetzung oder gar Anstiftung zu Schwerverbrechen betrieben wird. Es handelt sich hierbei um sogenannte Frauenkrimis, dene ihr Problem net bloß darin beschteht, daß Frauen hier als Schriftsteller auftreten, sondern: Es wird hier in ausführlicher, mr kann scho saga behaglicher Weise geschildert, wie Frauen ihre Männer ombringet, ohne daß dies Geschehen durch den literarischen Ausdruck sittlicher Entrüschtung geläutert wird.

Dobei sind diese Männermorde von einera außerordentlicha Gemeinheit. Da treibt beschpielsweis a Ehefrau ihren eigentlich ganz passablen Gatten dodurch en da Tod, daß sie dauernd sagt: „Jogg net so viel, dafür bischt du zu alt!" Natürlich mit dem Ergebnis, dass der arme Mann doppelt so viel rennt ond prompt da Herzkaschper kriagt. Abscheulich, gell? A andre Frau kocht ihrem Mann emmer genau des, was er will, schenkt em scheinbar willenlos nach, holt em scheinbar brav seine Zigaretta, ond zack, nach fünf Johr hot au der sein Infarkt. Und so perverse Gschichta schenket sich die Weiber jetzt womöglich gegaseitig zu Weihnachta, natürlich fein säuberlich in Gschenkpapier verpackt, damit die Männer net merket, was do onder ihre Chrischtbäum liegt.

Guat, kennt mr saga, oi Razzia bei de Tübinger Buchhändler, ond die Sach isch erledigt. Aber machmol denk-e en letzschter Zeit: Vielleicht isch die Gefahr viel, viel größer? Kürzlich han-e glesa, dass des ganze männliche Ägypten am Zittra isch, weil Kairo glei mehrere Fraua gleichzeitig ihre Männer vergiftet hent. Ond was uns hier betrifft: Mir geht eifach des Ergebnis von dr Volkszählung net aus'm Kopf. Demnoch herrscht nämlich bei der deutschen Bevölkerung über 60 Jahr ein riesiger Frauenüberschuß, der keineswegs mehr bloß durch da Weltkrieg zu erklära isch! Ond dodra, dass mr die Fraua besonders gut behandla däd, kann's jo au net liega. Was isch also los? Sitzet mir Männer womöglich alle an einem heimischen Gefahrenherd?

Okay, i will net in Panik macha. Aber ens Grübla kommt mr do scho. Weil, als Kriminalischt muaß mr jo emmer vom Tatmotiv ausgange, net. Ond des isch eba des Beunruhigende: Wemmer guckt, welche Witwen Tatmotive ghett hent, no schteigt die Zahl der Verdächtigen en's Aschgraue. Oder i nemm amol en lebenda Fall. I will koine Nama nenna, aber denket mr bloß amol an mein Schtammkunda Götz und sei Susanne: Früher hott-er ihr beim Frühstück emmer d'Kaffeetass higschtreckt ond „Kaffee!" brommt. Do hot die Frau immerhin noch a gewisse A'schproch ghett. Heut hebt'r ihr bloß no sei leere Tass hi. Bitte, i verschteh den Mann guat, aber so wie sich heut überall dr Feminismus eischleicht, do kann mr sich doch ausrechna, daß die Susanne no öfter innerlich kocht als wie auf ihrem Herd. Aber zu meinera Renate sagt se: Sie denkt net an Scheidung. Do frogt mr sich doch: An was denkt se denn dann, um Gottes willa? Worüber redet se mit ihre Freundinna? Isch dr Weg vom Kaffeekränzchen zur terroristischa Vereinigung vielleicht kürzer wie mr moint?

Deshalb mei dringende Bitte an die hiesige Polizei: Nutzet die Gelegaheit, solang onser Kripo no mehrheitlich männlich isch, ond bleibet dem verdächtiga Personenkreis auf de Fersa! Net, dass mr en zehn, 20 Johr vor der Situazio schtandet, dass die Gewalt von Fraua gega Männer scho halb so groß gworda isch wie die von Männer gega Fraua!

In diesem Sinne

Euer Hans am Eck

# Was will ich sagen?

## Die Frage hat es in sich: Von der Herausforderung, zum Kern des Themas vorzudringen

*Sibylle Thelen*

Als Berufsanfängerin muss man sich von erfahrenen Kollegen schon mal den Journalismus ganz grundsätzlich erklären lassen. Manche gefallen sich in der Rolle des großen Ernüchterers: Journalismus, sagte mir einst ein mit allen Wassern gewaschener Politikredakteur, sei ein Handwerk wie Schuhe besohlen. Kreative Selbstverwirklichung war ihm, dem disziplinierten Chronisten, ein Graus. Andere formulierten weniger drastisch: „Journalismus ist Dienstleistung." Dieser Leitsatz eines nicht minder disziplinierten, doch zugleich gedanklich kreativen Journalisten kam ohne Trotz und Pathos aus. Er war eine schlichte Mahnung: Geschrieben wird für den Leser, für niemanden sonst, schon gar nicht für Kollegen, denen man etwas beweisen will.

Wie aber schreibt man für den unbekannten Leser? Wie schreibt man so, dass er dran bleibt? Dass er folgen kann und folgen will? Und dass er versteht? Die Frage ist deshalb so schwer zu beantworten, weil man sich beim Schreiben keine konkrete Person vorstellen kann. DEN Leser gibt es nicht, es gibt nur DIE Leser, viele verschiedene. Der erklärte Dienstleister stellte sich deshalb gar niemanden vor.

Er spannte sein Papier in seine Schreibmaschine ein und begann, nachdem er sich seine Informationen und Gedanken zurecht gelegt hatte, zu schreiben: ohne lange abzusetzen, ohne etwas durchzustreichen, ohne auch nur eine Seite aus der Maschine herauszureißen – so füllte er Seite um Seite, um schließlich ein säuberlich getipptes Manuskript in den Satz zu geben.

Heute schreibt man am Computer, und es fällt einem schon gar nicht mehr auf, wenn man wieder einmal die Löschtaste nutzt oder gleich ganze Textblöcke ausschneidet und an anderer Stelle hineinkopiert.

Die Möglichkeiten der elektronischen Texterfassung haben den Schreibprozess in den Redaktionen gehörig verändert. Im Kern freilich gestaltet er sich wie eh und je: Gedanken werden in eine logische Abfolge gebracht, die am Ende im Idealfall auf eine Aussage hinführt. Content heißt das Ganze heute im modernen Denglisch. Mit dem Wort soll einer anfangen, was er will. Der Dienstleister unter den Journalisten war auch hier beim Formulieren so banal wie konkret: „Was will ich eigentlich sagen?" Mit dieser Frage ging er an all seine Artikel heran. Sie definierte den Content.

Haben Sie sich diese Frage schon einmal gestellt, nachdem Sie haufenweise Recherchematerial zusammen getragen haben? Sie ist ganz schön tückisch. Denn sie zwingt einen dazu, den Wust an Fakten, diese unzähligen, sich ergänzenden und sich widersprechenden Informationen, mit denen sich das Thema locker zu Tode differenzieren ließe, in eine plausible Ordnung zu bringen. Und sie fordert, gerade weil sie so verhext simpel klingt, zu einer nicht minder verständlichen Antwort heraus. Vor allem aber entlarvt diese eine so alltäglich klingende Frage jeden argumentativen Schwachpunkt, jede überflüssige Schwadroniererei, jedes stilverliebte Geplänkel. Das ist für den Autor vielleicht lästig, denn er muss nochmals ran an diese Stelle – polieren, zuspitzen oder sogar neu denken. Aber es hilft garantiert – nämlich dem Leser beim Verstehen.

Die Frage „Was will ich eigentlich sagen" begleitet mich seither durch meinen Arbeitstag, übrigens nicht nur beim Schreiben. In der Abwandlung „Was wollen Sie eigentlich sagen?" lässt sich mit diesem Leitsatz auch jeder Artikel redigieren. Es ist geradezu verblüffend, was diese entwaffnend schlichte Nachfrage beim Autor zur Folge haben kann: Oftmals erklärt er einem dann freihändig-spontan und bestens verständlich, was er zuvor in seinem Artikel unklar, umständlich und womöglich allzu gespreizt formuliert hat. Manchmal stößt man mit dieser Frage allerdings auch ins nebulöse Nichts – dann nämlich, wenn der Autor gar nicht wusste, was er zum Ausdruck bringen wollte und die Nicht-Aussage deshalb mit pompösen Worthülsen aufmotzen musste. Das aber will kein Leser wirklich lesen.

# Ausgepresst wie eine Zitrone

## Was tun, wenn man zu wenig Material hat?

*Johannes Wendland*

Die meisten meiner journalistischen Arbeiten fallen unter die Kategorie „Klein-klein". Es sind mittlere bis kurze Artikel, die mit Beträgen zwischen 50 und 250 Euro honoriert werden. Die Masse macht's. Und deshalb muss ich mitunter Fünf auch mal gerade sein lassen.

Meistens geht es gut. Ich habe gelernt, das Verhältnis von Recherche und Textlänge fast instinktiv auszutarieren. Den Aufwand kalkuliere ich in der Regel schon bei Auftragseingang. So steht am Ende fast immer genug im Notizbuch, um die geforderten 3.500 Zeichen mit selbst recherchiertem Stoff zu füllen.

Manchmal verrechne ich mich aber auch. Wie etwa bei der Geschichte für eine Kulturmonatszeitung, die auf einer für Journalisten organisierten Reise zu einem Festival in Kopenhagen basierte. Drei Tage lang sind wir durch Ausstellungen gelaufen, von morgens bis abends. Eine Theateraufführung, ein Konzert und mehrere Hintergrundinterviews waren ebenfalls unterzubringen. Kulturpolitische Details, die Rezeptionsgeschichte dänischer Malerei des ausgehenden 19. Jahrhunderts und die Frage, wie das Kopenhagener Publikum auf die „Nora"-Inszenierung der Berliner Schaubühne reagierte, führten zu einem hochkonzentrierten Eintopf mit fettreicher Einlage. Leider hatten sich die Redakteure meiner verschiedenen Zeitungen nicht für Kopenhagen interessieren lassen, so dass die Akquise einzig eine 5.000-Zeichen-Geschichte für ein Special-Interest-Blatt einbrachte. In diese Geschichte sollte nun alles, aber auch alles hinein. Der Artikel hatte keinen Anfang, keinen Bogen und keinen Schluss, lief dafür aber über von Fakten, Fakten, Fakten. Einfach unleserlich.

Es gibt aber auch den anderen Fall. Manchmal müssen zu viele Artikel zum gleichen Termin entstehen, die Deadline ist schon verstrichen und es bleibt keine Zeit für weitere Recherche oder die entscheidenden Informanten sind permanent in einer Sitzung, zu Tisch oder auf Dienstreise. Dann habe ich zu wenig Material. Ich muss das tun, was laut Karl Kraus die Feuilletonisten charakterisiert: „Auf einer Glatze Locken drehen".

So erschienen mir einmal schon 2.500 Zeichen (zum Vergleich: knapp die Hälfte dieses Textes) als Strecke ohne Ende. Ich selbst hatte das Thema vorgeschlagen: Junge Designer in Berlin hatten ein Turnschuhmodell aus DDR-Zeiten wiederentdeckt und neu aufgelegt. Wie ich bei der Recherche erfuhr, hatten sie jedoch nur wenige Exemplare produziert, die sie auch noch überwiegend an ihre Freunde verteilten. Kommerzielle Nutzung schlossen sie aus, einen Lifestyle-Bezug bestritten sie vehement. Keine Ostalgie, kein Designer-Hype, einfach nur eine harmlose Marotte. Doch aufs Honorar wollte ich nicht verzichten. Also griff ich tief in die Vergangenheit, erzählte von der vermeintlichen Freizeitkultur der DDR (von der ich als Westgeborener wenig Ahnung habe), garnierte die Sache mit ein paar Berlinensien und erwähnte schließlich am Rande die Designergruppe und ihren Turnschuh. (Manchmal, aber wirklich nur manchmal verlassen meine Werkstatt Artikel, die ich selbst nie und nimmer lesen wollte.)

Toll sind auch jene Prominenten-Interviews, in denen die Befragten nichts, aber auch gar nichts Neues erzählen. Alle Formulierungen sind bereits aus dem Material bekannt, das man sich zur Vorbereitung aus dem Netz geladen hatte. Alle vermeintlich provokanten Fragen verenden im Abseits. Und wenn man vorsichtig neues Themen-Terrain beschreitet, fängt das Gegenüber auch noch an zu gähnen. Übel in Erinnerung ist mir etwa das Gespräch mit einer Polit-Talkerin (nein, nicht die, sondern die andere), über die ich ein Porträt schreiben sollte. Im Interview hatte sie ungenau formulierte, bei der anschließenden Autorisierung* der Zitate wollte sie alles ganz anders haben, nur nicht genauer. Über die interessanten Dinge hatte sie geschwiegen: Was die Politiker beim Bier nach der Sendung erzählen, über das angeblich gespannte Verhältnis zur anderen Polit-Talkerin, oder über ihr Privatleben. Dumm nur, dass die Geschichte eine Titelstory werden sollte, und der Auftraggeber nicht zur oben genannten Klein-klein-Kategorie gehörte. Ich habe meine Interviewabschrift ausgepresst wie eine Zitrone, möglichst die indirekte Rede verwendet und auf die wundersame Wirkung der Schönheit meiner Formulierungen gehofft. Immerhin ist die Geschichte erschienen.

Peinlich sind sachliche Fehler. Nach meiner Erfahrung schleichen sie sich nur selten in das Material, das ich für eine Geschichte recherchiere. Ich bin aber gefährdet, wenn es um scheinbar Selbstverständliches geht. Das gerät beim Schreiben unversehens und ungeprüft in den Text. Unangenehm in Erinnerung ist mir die Geschichte über den Wiederaufbau der Dresdner Frauenkirche für eine überregionale Tageszeitung, die ich zum Plädoyer für das bürgerschaftliche Engagement hochjubeln wollte. Ich hatte die Überzeugung, dass sich der Wiederaufbau ausschließlich auf Spendengelder stützte, fest internalisiert. So fest, dass ich sie nicht mehr überprüft habe. Ich hatte in Dresden mit Denkmalpflegern und dem Pfarrer gesprochen, alte Artikel aus der Baugeschichte studiert und mir den Fortgang der Bauarbeiten mit eigenen Augen angeschaut. Aber zu kurz gesprungen: Blöderweise ist die öffentliche Hand mit einem Anteil von rund einem Drittel am Wiederaufbau beteiligt. Woher ich mein Vor-Urteil hatte, ist mir schleierhaft. Ich habe mich ins Eck verkrochen, aber gedruckt ist gedruckt.

Zwar übersah der verantwortliche Redakteur die Sache ebenfalls, aber über dem Artikel stand natürlich mein Name. Und sich auf das korrigierende Auge des bearbeitenden Redakteurs kann man sich nach meiner Erfahrung immer seltener verlassen. Das hat weniger

---

*Autorisieren nennt man die journalistische Gepflogenheit, Interviews den Interviewpartner zur Bestätigung der Zitate vorzulegen.

mit fehlendem Sachverstand als mit veränderten Zeitbudgets in den Redaktionen zu tun.

Wenn ich in meinem Auftragsbuch die vergangenen Monate und Jahre durchblättere, dann merke ich mit einer gewissen Erleichterung, dass die allermeisten Jobs ohne Probleme über die Bühne gingen. Nach etwa zwei Jahren verblasst die Erinnerung, so manches Thema löst inzwischen kaum noch konkrete Erinnerungen aus – weder an den Artikel, noch an die Umstände seiner Entstehung. Nur bei manchen blinkt eine rote Warnleuchte auf. Meistens hat dann etwas bei der Recherche nicht gestimmt. Sie ist das A und O des Journalismus. Verläuft sie erfolgreich, dann entsteht fast immer auch ein lesbarer Artikel.

# Heute schwebte das Thema am Fenster vorbei

## Die Vielfalt der Ideen und ihr Trichter

*Eleonore Wittke*

Da fliegt eine Idee vorbei und auf einmal ist es ein Schwarm. Das ist so wie bei Schwalben. Eine Schwalbe macht keinen Sommer, tatsächlich nicht, denn sie tritt nie allein auf. Ein Phänomen!, denke ich. Schon hat mein Staunen eingesetzt. Mit der einen Idee ist aber noch kein Text fabriziert. Ich jedoch komme so schnell aus dem Staunen nicht heraus. Und damit beginnt mein Leiden am Schreiben.

Bei uns in Tübingen leben auf dem Neckar und dem Anlagensee ganze Schwanenkolonien. Wenn sich einer dieser Vögel erhebt, ist das wirklich erhebend. Ich stehe auf, verrenke mir den Hals, kann sogar das schoh-schoh-schoh hören, die Luftverdrängung der Schwingen.

In diesem kleinen Vorspann stecken schon mindestens sieben Textideen, alphabetisch geordnet:

Arbeit – Idee – Leiden – Lust – Neckar – Schwäne – Tübingen.

Soviel zum Thema Schwarm und zum Leiden an der Fülle: Was und worüber ich wie schreiben könnte. Vor allem leide ich am Staunen. Dabei definiert Staunen ja die Kunst des Schreibens. Wer immer cool bleibt, sich nicht wundert, die Welt um sich herum als gleichförmig empfindet, sieht auch keinen Grund etwas mitzuteilen, bleibt stumm. Schlechteste Voraussetzung für eine Journalistin oder einen Autor.

Ich erlebe, dass die Coolen uns Staunende als Naivlinge bezeichnen. „Calm down!" Wie oft höre ich das, wenn ich mich begeistert zeige, neugierig, staunend eben. Witziges in der Zeitung wollen alle lesen. Aber wir müssen sie erst mit der Nase drauf stoßen.

Von uns wird verlangt, dass wir sogar über Feuerwehrfeste und Kaninchenzüchtervereinsjahreshauptversammlungen spannend berichten können. Mir ist das bisher fast immer gelungen. Na ja, die ersten Male jedenfalls. Da wusste ich noch nicht, wie die Feuerwehrtürme von innen aussehen, dass sie dem Trocknen der Schläuche dienen und wie viele unglaublich verschiedene Arten von Kaninchen es gibt. Mittlerweile würde ich auch lieber die Volontärin zu solchen Terminen schicken. Privilegiert sind jene, die ausschließlich über das schreiben, was ihnen wirklich wichtig ist und sie auch immer wieder verblüfft. Fachjournalisten etwa.

Aber nicht nur die Themen überfallen mich in Hülle und Fülle, sondern auch die Möglichkeiten, was und worüber ich wie schreiben könnte.

Ich nehme also in aller Kürze die oben genannten sieben nahe liegenden Themen und multipliziere sie mit mindestens genauso vielen Möglichkeiten der Textform. Das wären 49, und nun nehme ich das locker mal zehn, weil ich bisher maßlos untertrieben habe. Das sind 490. Im Grunde genommen sind die Potenzen unerschöpflich und erschlagend. Und so fühle ich mich dann auch.

Was tun? In mich gehen und von den unzählbaren Kapillaren eine Ader zurück finden. Denn so zerrissen kann ich mich nicht als kreative Journalistin bezeichnen, eher als aufgerissenes Faserwerk. Dr. Körperwelten hätte seine Freude dran. Schnibbelschnibbel, Plastilin rein und dann hat er eine ansehnliche Scheibe Unentschlossenheit.

Also ran ans Tagewerk! Was schreibe ich? Ich habe nicht gewürfelt, sondern heute schwebte *das Thema* am Fenster vorbei. Die Schwäne sollen es sein. Das ist nämlich wunderbar aktuell.

Eine Nachricht des Ordnungsamtes liegt auf dem Schreibtisch: Die Schwäne, bisher wohnhaft auf dem See eines Stadtparkes, müssen wegen dessen Trockenlegung zwecks Grundreinigung umgesiedelt werden. Das geht nicht ohne Reibung vonstatten, weil Tiere ja Gewohnheitstiere sind. Die Langhälse fliegen zurück, Mitleidige füttern sie unerlaubterweise, die Stadt gibt sie sogar zum Abschuss frei, Tierschützer und ganz normale Menschen sind empört.

Wie schreibe ich? Das *Genre* gibt üblicherweise die Zeitung, die Chefredaktion, die Zielgruppe, das Ressort vor. Ich bin Alleinredakteurin mit ziemlich großer Eigenverantwortung, darf also vielfach die Textgattung selbst bestimmen. Ein Bericht wäre okay. Es könnte aber genauso gut eine Reportage, eine Glosse, eine Meldung, ein Interview, ein Essay, eine Lokalspitze sein.

Nun taucht die Frage nach der *Perspektive* auf. Mit wessen Augen, ja mit wessen Betroffenheit eigentlich, betrachte ich das Ganze? Im wahrsten Sinne des Wortes verschiebt sich dabei stets der Horizont:

- Staunt ein Kind?
- Beschwert sich eine Anwohnerin über die staunenden (und dabei üblicherweise lärmenden) Kinder?
- Grübelt ein Beamter über die Lösung des Schwanenproblems?
- Lauscht ein Musikbegeisterter dem Schwanengesang?
- Forscht ein Biologe über die Spezies Schwan im Allgemeinen und Besonderen?
- Nimmt sich ein Literat des Metaphorischen an?
- Fühlt sich ein Maler von dem Bild inspiriert?
- Mischt sich eine Umweltorganisation ein?
- Sieht eine Partei in den Schwänen einen aktuellen Aufhänger für ein wichtiges kommunalpolitisches Statement?

Diese Entscheidung über die Perspektive wird bestimmt durch
- die Zielgruppe (nicht einfach die Leser der Zeitung, sondern der bestimmten Seite)
- die Recherchemöglichkeiten (wer ist ansprechbar und auskunftsbefugt?)
- die Kooperation mit dem Fotografen (welchen Blickwinkel wählt der?)
- die befragten Spezialisten (und deren Standpunkte)
- meine eigenen Interessen und meine Kompetenz (die kann sich steigern).

Dabei habe ich jetzt überhaupt noch keine Rahmenbedingung in Betracht gezogen wie
- meine Laune
- die Laune meines Rechners
- die Stimmung der Chefin, durch deren Schlussredaktion der Text geht
- das heutige Zeilenangebot auf der Seite.

Diese Gedanken ziehen wie die Schwäne am Himmel durch mein Hirn und alle Professionalität, über 25 Jahre Praxis gereift, schrumpft in diesen Momenten zu einem Vogelschiss. Und andererseits könnte ich jubilieren über die schillernde Welt da draußen, über die ich berichten darf. Ich bin Medium, ich bin Schreiberin, ich bin Verwalterin meiner und anderer Eindrücke, ich mache Meinung, ich beeinflusse, ich trage Sorgen und Erwartungen weiter. Meine Allmachtsfantasien schlagen Kapriolen.

Gefährlich, gefährlich, sagen Psychologen und wittern eine bipolare Störung (manisch-depressiv hieß das bisher). Ja, das wird es sein. Aber ist nicht genau diese Spannung die Sehne für unsere Texte?

Keine Sorge, ich beginne nicht bei Adam und Eva der Seelenkunde und der Kreativitätsforschung – aber nur aus Platz- und Zeitgründen – denn tatsächlich rattert es in meinem Hirn, laufen meine Füße fast schon los zum Regal mit den Lexika, tippen meine Fingerspitzen in der Suchmaschine die Stichworte ein.

Ich bremse mich also. Das Regulativ, schrecklich und sinnvoll, ist ja eigentlich immer präsent: Begrenzung von Zeit und Raum. Das Spinnen spielt sich im Kopf ab, das Weben des Textes auf der Tastatur. An Redaktionsschluss und Textumfang kann ich nichts ändern.

So hat sich nun also doch der Trichter der Vielfalt verengt, ich düse nicht mehr durch meine Fantasien. Ich hatte nur kurz abgehoben, konnte dann aber den Landeanflug einleiten. Und all die anderen feinen Themen, die mir anfangs durch den Kopf gingen, habe ich als Textideen in meiner Datei für die Saueregurkenzeit zwischengelagert.

Meine Empörung über die Abschussfreigabe für die Schwäne hat sich vorgedrängt. Ich reihe mich ein in die Gruppe der aufgebrachten

Bürger, ich verschaffe ihnen eine Plattform und leihe ihnen meine Stimme. Damit ist geklärt: Es wird ein Bericht, dem ich einen kleinen Kommentar zur Seite stelle. Wenn ich's heute schaffe, kann aus dem Kommentar auch eine Glosse mit Biss werden.

Ich werde zwei, drei Anwohner ansprechen, die Leserbriefe zu dem Thema studieren, die Frau, die die Schwäne füttert, ausfindig machen (sie hat sich bei mir in der Redaktion schon mal über die Lieblosigkeit den Tieren gegenüber aufgeregt), den Zuständigen beim Forstamt befragen und schließlich meinen eigenen Standpunkt einkreisen.

So ist es: Der ganze Schwarm von Ideen, die Schwalben meiner Vorstellungslandschaft, sind nur harmlose Boten der Fantasie. Einen Moment lang flattern sie aufgeregt, sausen durch mein Blickfeld und dann wird das Netz der Wirklichkeit darüber geworfen. 80 Zeilen, 60 Anschläge, zweite Seite rechts unten platziert. 90 Minuten Zeit zum Recherchieren und Schreiben, dann muss ich zum nächsten Termin. Und überhaupt: In meiner Zeitung werden ja übermorgen doch nur die Kartoffelschalen eingewickelt.

# Schreiben ist viel angenehmer als eine Zahnwurzelbehandlung

## Wie eine Online-Redakteurin sich selbst überlistet

*Britta Binzer*

Hilfe! Ein leeres Blatt! Die Gedanken schwirren wie wild gewordene Hornissen in meinem Kopf herum. Sie lassen sich einfach nicht bändigen – geschweige denn zu Papier bringen. Zum x-ten Mal gehe ich mein gesammeltes Recherchematerial durch, aber einen vernünftigen Ansatz finde ich noch nicht. Ich versuche Zeit zu schinden: Kaffee holen, Zigarette rauchen, neu eingegangene E-Mails checken. So verstreicht etwa eine halbe Stunde. Irgendwie, denke ich, wird der Geistesblitz gleich kommen. Spätestens morgen früh muss der Artikel online sein, denn in der Planungssitzung habe ich diesen Termin für die Ratgeber-Rubrik verbindlich zugesagt. Trotzdem verbringe ich eine weitere Viertelstunde damit, die Tasten meines Laptops zu hypnotisieren. Keine Fortschritte. „Reiß' Dich doch jetzt mal zusammen", sage ich mir. Das ist doch nicht mein erster Artikel. Warum also plötzlich diese Leere? Diese Panik?

Am Stoff kann es nicht liegen. Es geht um französischen Wein und die Absatzprobleme der französischen Winzer. Ein Thema, das mir sehr am Herzen liegt. Außerdem bin ich mit der Materie vertraut, habe Insiderinformationen. Was, wer, wann, wo, warum, wie? Zu all dem habe ich eine ganze Menge zu sagen. Ja, zu sagen! Aber zu schreiben? Verflixt noch mal, irgendwie kriege ich heute die Kurve nicht. Ich krame ältere Artikel von mir aus dem Archiv, überfliege die Texte und finde auch ein Interview, das ich vor etwa einem Jahr mit

Jamie Oliver geführt habe. Das alles liest sich doch eigentlich gar nicht so schlecht.

Habe wirklich ICH das alles verfasst? Diese Frage muss ich wohl mit „ja" beantworten, denn schließlich steht mein Name unter den Artikeln, schwarz auf weiß. Also, warum um Himmels Willen bringe ich gerade jetzt meine Gedanken und Worte nicht in den Griff?

Aber Zetern und Selbstmitleid helfen mir auch nicht. Keine Ausflüchte mehr, ich muss da jetzt durch! Der Abgabetermin rückt immer näher.

Von einem 10-Meter-Turm springen zu müssen, wäre jetzt wesentlich unangenehmer, versuche ich mich zu trösten.

Seltsamerweise macht mir dieser Gedanke tatsächlich Mut. Ich schreibe blitzschnell all die Dinge auf, auf die ich momentan noch viel weniger Lust hätte: Berge von Blusen bügeln, ein 100 qm-Zimmer tapezieren, eine Zahnwurzelbehandlung ... Nach zehn Minuten verspüre ich unendliche Erleichterung, denn ich habe eine ganz beachtliche Liste mit unliebsamen Beschäftigungen zusammengetragen, die mir glücklicherweise gerade erspart bleiben. Meine Gedanken sind auf einmal so klar. So klar wie die Luft nach einem reinigenden Gewitter. Ich nutze die Gunst der Stunde und wende mich endlich meiner eigentlichen Aufgabe zu. Die Worte fließen, wie das Wasser in einem wilden Sturzbach. Und schon nach einer Stunde habe ich ein anständiges Gerüst zu Stande gebracht.

Die Gliederung scheint schlüssig, die einzelnen Textabschnitte recht passabel, auch die Überleitungen sind harmonisch. Die nötigen Fotos habe ich schnell herausgesucht und fürs Web aufbereitet.

Alles passt zusammen, und die Bilder sind eine wunderbare Ergänzung zur Darstellung des Themas. Ich bin sehr zufrieden!

Der Feinschliff ist ein Kinderspiel. Ich lese meinen Artikel noch ein, zwei Mal durch, hier etwas ergänzt, dort etwas gestrichen. Denn wie hat schon Mark Twain gesagt? „Schreiben ist leicht. Man muss nur die falschen Wörter weglassen."

# Glasperlen und Rückenschmerzen

## Gäbe es doch einen direkten Weg der Gedanken, aus dem Kopf – zack – in einen Computer

*Carmen Zahn*

Dienstag früh, halb acht. Ich öffne die Tür zu meinem Büro. Ignoriere die Papierflut auf meinem Schreibtisch. Gehe zum Fenster, mache es auf und atme die kühle Morgenluft ein. Ich liebe diese Frische. Minuten später sitze ich am Rechner. Beim Einschalten fällt mein Blick auf mein Glasperlenspiel am Fenster. Die Perlen schimmern türkis und dunkelgrün. Sie schwingen kaum merklich. Es sieht aus als schwebten sie in der Luft – magisch.

Der Computerbildschirm hat die Farbe gewechselt – von schwarz nach blau – nach weiß. Unter den Text-Werkzeug-Symbolen meines Schreibprogramms trifft nach einigen Zehntelsekunden meine Arbeit von gestern ein. Wohlbehalten.

„Die Qual mit dem aufrechten Gang". Ein Artikel über chronische Rückenschmerzen.

Die Zeit drängt nicht besonders. Ich beginne ruhig. Sehe noch mal meine Rechercheergebnisse durch – Notizen aus drei Telefonaten, einem Interview: Jeder fünfte Frührentner leidet an Rückenschmerzen. Herr S. ist einer von ihnen…

So klassisch will ich aber nicht beginnen. Ich will einen besonderen „Einstieg" in die Geschichte basteln. Ich will immer etwas besonders gut hinkriegen.

In meinem Kopf entstehen Satzfragmente, die sich vervollständigen während sie über die Finger in die Tastatur fließen. Schreiben ist eigenartig. Manchmal habe ich das Gefühl, meine Gedanken erleben wunderbare Metamorphosen auf ihrem Weg aus dem Kopf heraus. Ideen entwickeln sich neu, sind nie dieselben, wenn sie mal auf dem Papier stehen. Das gefällt mir. Ich spiele gern mit Worten. Schiebe sie hin und her, suche Synonyme, baue Sätze, verwerfe, schreibe um. Schreiben ist, wie in eine andere Welt einzutauchen. Eine Welt, in der sich Wahrgenommenes neu offenbart. Eine Welt neben der Wirklichkeit. Beim Schreiben kann ich mich vergessen. Ganz und gar. Das war schon so, seit ich Geschichten schreiben kann.

Nicht, dass es mir leicht fiele. Es strengt an. Manchmal treibe ich das Spiel zu weit, beginne Schnörkel und Ornamente in meinen Texten unterzubringen – eitle „Wohlformulierungen" von denen mein Innerstes schon beim Schreiben weiß, dass sie später dem Rotstift zum Opfer fallen werden. Dem Rotstift, der mich spätestens seit meinem Medienstudium stets begleitet hat. Der immer in meinem Kopf herumspukt, wenn ich schreibe. Unerbittlich mahnend.

Aber dazu später.

Im Moment machen mir meine Wortspielereien Spaß. Sie gefallen mir. Ich möchte mich nicht vorschnell von ihnen trennen. Denn ich spüre: Das Schreiben hilft mir beim Denken. Zum Kern der Sache vorzudringen. Meine Gedanken zu sortieren. Zuweilen gewinne ich die Oberhand über komplizierte Sachzusammenhänge erst, wenn ich lange genug mit Wörtern jongliere. Lange genug. Nicht: *zu* lange. Sonst tut Schreiben weh. Und weh mir, wenn ich den richtigen Zeitpunkt verpasse, mich bei meinen Eskapaden zur Räson zu rufen. Wenn mir alles außer Kontrolle gerät. Wenn ich schreibe wie im Fieber und nicht mehr aufhören kann. Wenn ich hyper-sensibel für unterschiedliche Wortbedeutungen werde. Mich in Feinheiten und minimalen „Binnendifferenzierungen" verliere, die vermutlich niemanden sonst interessieren. „Der Schmerz bestimmt den Alltag" – „Der Schmerz beherrscht den Alltag" – „Der Schmerz bohrt sich in den Alltag" – „…bestimmt …" – „…beherrscht…" – „…bohrt…" – „…bestimmt…" – „…beherrscht…" – „…bohrt…" – … Ich schreibe um. Und wieder um. Und dann beim nächsten Satz wieder.

Und wieder und wieder. Bis ich völlig erschöpft bin. Mein Gehirn fühlt sich wund an. In mir formuliert es immer weiter. Die Struktur des Texts entgleitet mir. Alles gerät durcheinander.

Ich blicke auf mein Glasperlenspiel. Nichts bewegt sich.

Es ist, als ob ich mich selbst zwingen will, weiterzumachen, obwohl es offensichtlich sinnlos ist. Je weniger gut es läuft, um so mehr schreibe ich. Das klingt paradox. Ist es auch.

Wenn ich ganz mutig in mich hineinhöre, treffe ich auf meine inneren „Stimmen". Die eine (die pragmatische und auch etwas strengere) sagt: „Schreib einfach, das wird dann schon!". Die andere (die anspruchsvolle und zugleich zweifelnde) jammert: „Aber wie soll ich es denn nun ausdrücken? Wird es denn gut genug sein???" Woher diese Stimme kommt, weiß ich nicht. Doch sie zwingt mich, immer wieder den Rotstift anzusetzen und trotzdem weiter zu schreiben. Es muss, es muss. Klar, dass daraus nichts wird...

Es gibt noch eine dritte Stimme. Auch unbekannter Herkunft. Sie ist eher leise und freundlich und entscheidet schlicht: „Jetzt reicht's." Und ich höre auf zu schreiben. Mein Magen knurrt, mein Nacken ist steif, meine Rückenmuskeln verkrampft. Ich gehe nach Hause...

Ein Uhr. Ich habe gekocht, esse zusammen mit den Kindern zu Mittag. Es fällt mir schwer, ihren Erzählungen und Fragen zuzuhören. Doch sie zwingen mich. „Mama, welche Farben hat nun die Flagge von Litauen?" „Mama!!". Ich taue langsam aus meiner Erstarrung auf. Und schlage im Brockhaus nach. Finde die litauische Flagge. Gelb, grün, rot.

Später gehe ich laufen im Wald. Die Bäume dort sind alt und groß und kümmern sich nicht um mich. Gut so. Ich laufe aus dem Wald heraus, genieße die Weite.

Die Ideen für meine Geschichte fallen wie aus dem heiterem Himmel. Sie fliegen mir zu als ich einen Feldweg entlang renne. Liegen mir auf der Zunge. Ich will sie festhalten. Nur nicht vergessen! Manche bleiben mir. Manche lösen sich wieder auf, noch bevor ich sie mir merken konnte. Gäbe es doch einen direkten Weg meiner Gedanken, aus meinem Kopf – zack – in einen Computer. Und da stünden sie dann brav auf dem Bildschirm fixiert. Wort für Wort. Artig aufgereiht.

Etwas zuversichtlicher bin ich jetzt.

Tags darauf habe ich trotzdem Angst. Ich mag nicht. Nicht ins Büro gehen. Nicht den Rechner einschalten. Nicht sein aufforderndes Summen hören. Nicht seinen frech flackernden Bildschirm ansehen. Stattdessen sortiere ich Papiere und beschließe heute eben nicht zu schreiben. „Schreiben setzt das Innehalten voraus", sagt Hilde Domin, „das Sich-Befreien vom Funktionieren". Hoffentlich hat sie Recht.

Sicherheitshalber kritzle ich die Ideen, die mir beim Laufen gekommen sind, wenigstens handschriftlich auf einen Zettel. Und plötzlich erscheint mir die Geschichte logisch und klar. Schnell, den Rechner an. Ich vergesse alles um mich. Zeit, Hunger, Durst – verschwinde in einem tiefen Nebel. Ich schreibe, schreibe, schreibe. Diesmal klappt es.

Als meine Kollegin von nebenan an die Tür klopft, schrecke ich auf. Ich schau' sie wohl an wie von einem anderen Stern. Zumindest glaube ich das, denn sie stutzt und sagt schnell: „Oh, oh, ojeoje…entschuldige die Störung…". Sie macht es kurz und schließt die Tür. Der Luftzug der Tür erreicht mein Glasperlenspiel. Die grünen Perlen schwingen kaum merklich. Nach einer Weile hängen sie reglos an ihrem Nylonfaden. Es sieht aus als schwebten sie in der Luft – magisch. Ich sehe sie an. Glücklich.

# Inseln im Wörtermeer

## Das Exposé für einen Film lässt eine Gestalt erst erahnen. Es schwebt. Es verlangt nach Bewegung: Annäherung, Mitgehen, Loslassen

*Susanne Sinn*

Viel Licht ist nicht im Raum, außer dem Leuchten meines Bildschirms. Draußen milchiges Winterwetter. Der Winter lässt nicht los und wirft pulvrige Schneedecken über die Wiesen und Hänge.

Ich arbeite an einem Text. Eine Seite ist schon viel, beruhige ich mich, in dieser kleinen Schrift. Ich bin wieder an diesem Punkt, den kenne ich schon: Gerade mal eine Seite habe ich an diesem Exposé für ein Filmprojekt über Nachtarbeiter/innen in Stuttgarter Szenekneipen, drei Frauen und einen Mann, geschrieben. Das Exposé soll von mir und einer Kollegin einer Fernsehredaktion als Themenvorschlag vorgelegt werden, jede bearbeitet zwei Interviews.

Das Exposé ist noch kein Drehbuch sondern der schriftliche Entwurf einer Filmidee und deren Umsetzung, Aussagen aus ersten Interviews fließen mit ein. Eingefügte Photos sollen neugierig machen, Interesse wecken an den Persönlichkeiten.

Mein Erzählen beginnt flüssig, zum Prolog wird eine geplante Einstiegsszene des Films, die die Minuten vor dem Öffnen der Bar am Abend zeigt.

> „Eine Frau mit dunklen, hochgesteckten Haaren drückt auf eine Schalterleiste und vergewissert sich mit einem Blick, ob die Lichtinseln die richtigen Stellen der Bar in Szene setzen. Hinter dem Tresen kontrolliert sie das

Kassensystem, schaltet die Kaffeemaschine ein und schreibt mit Kreide einige Tagesgerichte auf eine Tafel hinter dem Tresen. Daneben läuft mit einem Zischen der Espresso aus der Maschine. Ein kleiner Espressolöffel schlägt hart auf die metallene Theke, als sie ihn neben die Tasse wirft. Sie zündet sich eine Zigarette an, zieht, bläst den Rauch nach oben und schaut in den noch menschenleeren Raum."

Nach dem Einstieg geht es zur Filmidee. Aber dann, pünktlich nach dem Anfang der zweiten Seite, bricht alles ab. Alles was ich schon überlegt, recherchiert, notiert hatte, versteckt sich. Jetzt nur nicht nachlassen, treibe ich mich an, sonst bleibe ich hängen wie die Natur draußen zwischen Winter und Frühjahr. Schwebezustand, Endlosschleife, Blockade.

Es gibt zu viele Möglichkeiten, Gedankenfetzen, die Transkripte der Interviews, ich verliere den Überblick und dann schreibe ich gar nichts mehr und fühle mich leer. Sind die Nachtarbeiterinnen, nach anfänglichem Studium oder großen Plänen im Job-Leben hängen geblieben, typisch für eine unentschlossene Generation, für eine Erschöpfung an geregeltem Lebenslauf? Haben sie tatsächlich mehr Freiheit? Wie stelle ich mit Worten und Bildern dar, dass die Zufriedenheit mit diesem Leben je nach Person ganz unterschiedlich ist?

Je unsicherer ich bin, was wesentlichster Aspekt ist und je größer meine Probleme damit, dass ich fokussieren muss und einiges eben unerwähnt bleiben wird, umso mehr bremse ich mich mit Zweifeln. Woher soll ich wissen, dass genau diese Herangehensweise an das Thema richtig ist? Wie komme ich auf die Idee, das hinzukriegen? Wie komme ich überhaupt darauf, ich könnte zu dem Thema etwas Wichtiges sagen, gar einen Film dazu machen? Warum schreibt das nicht eine Soziologin? Interessiert mich das Thema wirklich?

Obwohl ich weiß, dass ich schon andere Texte zunächst zögerlich und dann gut geschrieben habe, durchlebe ich eine kleine bis größere Krise. Und Unsicherheit, die ich gar nicht kennen will. Ich schreibe gern – nur jetzt gerade nicht das und nicht so, wehre ich mich.

Es fällt mir nicht schwer eine Arbeit zu beginnen, aber im Schwebezustand kann ich sie hinziehen, so weit es geht. Das rechnet sich nicht. Schon gar nicht, solange nicht klar ist, ob ein Projekt überhaupt umgesetzt wird. Ein Exposé ist Vorarbeit, die unbezahlt stattfindet.

Schließlich stehe ich auf und gehe aus dem Raum, aus dem Haus. Sobald ich draußen bin, losgehe, löst sich die Anspannung. Es weht ein kühler Wind, dunkelgraue Wolken schieben sich über mich, Schneeflocken sinken auf die Straße. Beim Spaziergang gehe ich auf meinen Text zu, kreise Inhalte ein, fange Gedanken und Aussagen, die wie aufgeschreckte Tauben hoch flattern. Suche die Stimmung, die im Text sein soll. Wiederhole Sätze, die mir aus den Interviews mit den Frauen im Kopf herum gehen. Was hat Petra gesagt? Sie fühle sich manchmal seltsam, wenn sie ihrer alten Lehrerin begegnet. Ausgerechnet du, würde die dann sagen, die alles hätte machen können. Und ich, denkt Petra dann, verkaufe jetzt Bier.

In Gedanken an die Protagonisten und ihre Selbstsicht schlendere ich durch die Innenstadt und mache dort halt auf einen Kaffee, um mögliche Textstellen mit mir auszutauschen, wie im Dialog. Die Kellnerin und Geschäftsführerin Ariane werde ich eine hektische Szene im Hochbetrieb erzählen lassen und dann beschreibe ich was danach kommt, wie der Feierabend nach der Nachtarbeit aussieht, wie es ist, wenn man gegen den Rhythmus der anderen arbeitet. Ariane ist zufrieden mit ihrer Arbeit. Aber hey, woran liegt es genau, dass das Lebensgefühl so unterschiedlich ist bei genau diesen Protagonisten? Auffallen, mittendrin sein, Szene, Kontakte, Erfolg, Partyanimal, Verlust, Versagen – ich probiere Worte aus, die meine Wahrnehmung der Nachtarbeiterinnen beschreiben.

Ich gehe durch den botanischen Garten, falle mir dort ins Wort, formuliere. Spreche tonlos in mich hinein, trage mir die Sätze vor, die ich schreiben möchte. Gestalte die Grundstruktur des Textes vor einem imaginären Gegenüber, bevor ich ihn dann später mit dem Text meiner Kollegin zusammenfügen werde. Immer wieder überprüfe ich mein Gefühl, ob die Darstellung dem, was uns erzählt wurde, gerecht werden wird.

Als Schulkind habe ich gerne Aufsätze geschrieben. Sie waren meist sehr lang und ich konnte kaum in eine Schulstunde bringen, was ich aufschreiben wollte. Ich schrieb so gerne, wie ich erfundene Geschichten erzählte, allerdings nie vor vielen Leuten. Ein ausgewählter kleiner Kreis musste zuhören, meine Großeltern, meine Mutter, mein Bruder. Mein Opa wollte gern von großen Tieren hören, Giraffen und Löwen. Meiner Oma war jede Geschichte recht, die gut ausging. Meine Mutter bestand auf einen gewissen Bezug zur Realität, war skeptisch gegen zuviel Zauber und Glück. Mein aufmerksamster Zuhörer war lange mein kleiner Bruder. Manche Geschichten spielten wir, und an Sonntagen, wenn meine Eltern ausschliefen, zog ich ihm Mädchenkleider an und nahm in mit in den Garten, wenn seine Rolle es erforderte. (Das allerdings nur so lange, bis die Nachbarn meinen Eltern erzählten, dass zwei kleine Mädchen im Garten getanzt hätten.) Erzählen war ein Spiel und nicht anstrengend.

Heute fällt es mir schwerer, mir selbst zuzuhören. Es gibt nun einfach viel mehr, an das ich denken muss. Immer noch versuche ich beim Erzählen, Beschreiben, an etwas Wesentliches heranzukommen.

Für mich ist der Schreibprozess ein sich Versenken und das Zulassen von Unruhe in mir. Beim Schreiben ist alles innen in Bewegung, es arbeitet und hört bestenfalls nicht auf, bis etwas abgeschlossen ist. Einzelne Sätze fallen mir ein, beim Einkaufen, Gefühle kommen in mir hoch, die im Text sein sollten, beim Aufwachen am Morgen. Wie hat sie das gemeint, die Barfrau Petra, die vor 20 Jahren Modedesign studieren wollte und nun immer noch am Tresen steht, dass sie mit allem, was sie damals ausprobiert hat, nichts anfangen konnte?

Beim Kinobesuch reagiere ich auf eine traurige Szene unverhältnismäßig, weil ich gerade alles auf durchlässig gestellt habe. Was wird, frage ich mich, aus den Lebenshoffnungen unserer Protagonisten? Werden sie ihre Entscheidungen bedauern? Kann ich das insgeheime

Trauern um vergebene Chancen beschreiben oder soll es wortlos deutlich werden?

In meinem Fall haben Schreiben und Bewegung viel miteinander zu tun. Mit Bewegung meine ich etwas, das Innen geschieht. Ohne das fällt es mir schwer einen Text, ein Konzept zu schreiben. Wenn das Thema mich berührt oder ich an das Thema herankomme, geht alles besser. Geschichten, Beschreibungen, Exposés – erfordern Bewegung: Zuwendung, Annäherung, Mitgehen, Loslassen. Unterwegs sein hilft mir dabei.

Tagsüber im Freien, in den Strassen, im Café eines Museums. Auf einen Platz mit Platanen setze ich mich und warte was auftaucht. Unterwegs will ich, kann ich, notieren, skizzieren, Passagen schreiben. Dann bin ich allein, aber umgeben von Aktivität und schreibe doch erst einmal nur für mich. Es ist, als wäre der Druck von mir genommen, und dann geht es leichter: Ich beschreibe, wie der Arbeitsalltag der Barleute in einem Tag verdichtet werden soll, in Parallelmontage zusammengeführt, erzähle, dass Sven über seinen Traum vom Durchbruch als Musiker spricht. Die Kamera wird einzelne Szenen mit Reißschwenks verbinden, die in farbig gezeichneten Leuchtlinien das glitzernde Nachtleben der verschiedenen Protagonisten verknüpfen.

Selten gelingt mir bislang das durchgängige, fließende Schreiben auf Anhieb in meinem Büro, wo es doch stattfinden sollte, eher abends nach dem Sammeln des Tages zuhause. Auch Zug fahren löst Schreiben aus. Die Fortbewegung auf Schienen ist eine ideale Voraussetzung für den Fluss der Worte. Vorbeirollende Landschaften, jede anders motivierend.

In all der Unruhe ist es schwer sich für eine Form zu entscheiden, die ich auch am nächsten Tag noch gut finden werde. Welchen Anfang und welchen Verlauf nimmt der Text oder der Film? An den Informationen und Fakten, die in den Text müssen, halte ich mich fest, es entstehen kleine Inseln, fertige Sätze im Wörtermeer. Ich weiß beispielsweise schon genau, wie ich die Barfrau Ariane in ihrer Wohnung beschreiben und zeigen möchte, vor dem Fernseher, bei der Hausarbeit um vier Uhr morgens, weil sie vom Arbeiten so überdreht ist, dass sie nicht schlafen kann. Das weiß ich schon, aber noch nicht, wie ich dahin komme.

Dies ist meine Arbeitsweise, sie entspricht mir und ist nur möglich, weil ich als freie Autorin von Filmbeiträgen, Texten und Konzepten für Bildungsmedien nur selten einen klassischen Redaktionsalltag habe. In der Teamarbeit oder beim Drehen sieht das anders aus, dann verbinde ich verschiedene Arbeitsweisen. Für meine Arbeit jedenfalls ist Schreiben, Formulieren, die Grundlage.

Bei Filmarbeiten geschieht das Erzählen der Geschichte auf mehreren Ebenen, aber auch hier dreht sich vieles um den Text, die Worte. Das Exposé zur dokumentarischen Filmarbeit soll den Film im Kopf der Redakteure und Kunden anlaufen lassen. Der Versuch mit Worten einen Entwurf für eine visuelle Arbeit zu machen ist eine Herausforderung, das Filmthema bildhaft darzustellen, Stimmungen zu schildern, die später über Aussagen, Beobachtungen, das Licht, den Bildaufbau, die Kameraarbeit vermittelt werden. Auch Film arbeitet mit Sprache, mit einer eigenen und mit der aus Worten. Filmtext und Kommentar, sofern es sie gibt, ergänzen die Bilder, spielen mit ihnen und gegen sie, bieten eine andere Ebene der Wahrnehmung an. An den Bildern, die für eine Geschichte oder ein Thema gefunden wurden, kann ich mich beim späteren Texten zum Film orientieren, die Worte daran ausrichten.

Manchmal entstehen auch Worte, ohne dass ein Text für das Bild da ist. Dann erzählt das Bild etwas, das im Betrachtenden eigenständig Begriffe auslöst, Einsamkeit, Glück, Macht oder Hilflosigkeit.

In unserer Geschichte über die Nachtarbeiterinnen soll das Ende offen sein, kein Fazit, kein: hätte sie doch, kein: läuft ja ganz gut, kein: das wird nie was. Wir verlassen die vier Protagonisten mitten im Geschehen, Ariane bricht auf nach Spanien um dort eine Bar zu übernehmen und am Ende sagt Sven: „Ich bewege mich durch den Abend wie durch 'nen Videoclip." Was heißen soll, sie sind noch mittendrin, in ihrem Leben, es ist noch alles möglich.

# Die Anstatt-Autorin

## Sie soll ein Radiofeature schreiben und schreibt eine Kindergeschichte, sie will einen Roman verfassen und schreibt Gedichte

*Eva Christina Zeller*

Ich habe eigentlich keine Lust, mir darüber Rechenschaft abzulegen, wie ich schreibe, warum ich Schwierigkeiten mit dem Schreiben habe und warum ich manchmal nicht schreiben kann, auch wenn ich, seitdem ich 16 Jahre alt bin, nur eins werden will: Schriftstellerin.

Warum? Weil es anstrengend ist, wie das Schreiben selbst? Man muss nachdenken und man muss Schmerzen aushalten. Es tut weh, weil die Gründe für das eigene Schreiben und das Scheitern dort liegen, wo es nicht so aufgeräumt ist, wo das eigene Selbstwertgefühl in Scherben liegt, wo es ungemütlich ist und einsam.

Den Impuls Dinge auszudrücken, Gefühle in Worte zu übersetzen, damit ich von ihnen nicht überschwemmt werde, den gab es schon sehr früh.

Mit 16 Jahren fing ich in Amerika an, Gedichte zu schreiben, Songs wie Bob Dylan, der damals mein großes Vorbild war. Ich war Austauschschülerin und fühlte mich im weiten Mittleren Westen verloren. Ich belegte den Kurs *Creative Writing*, und das Tagebuchschreiben, die Gedichte und kurzen Szenen halfen mir, meine Gefühle auszudrücken. Das Tagebuch, bald auf Englisch geführt, wurde meine Zuflucht. Die sehr junge Lehrerin korrigierte nur die Grammatik und kommentierte nie den Inhalt. Bald ließ ich meinen Gedanken freien Lauf. Ich war nicht gerade glücklich, das erste, was meine Gastfamilie mir kaufte, war ein BH, ich musste mir täglich die Haare waschen, mich schminken, die Beine rasieren, *cheer leader* werden und viel lächeln. Zu Fuß gehen oder radfahren durfte ich nicht, *„you could get raped"*, war der Kurzsatz, der alle Lebensäußerungen, die mit der Außenwelt zu tun hatten, unterbinden sollte. Wir lebten in einem friedlichen kleinen Dorf, aber die Angst vor einer Vergewaltigung schwebte riesengroß über der Prärie und den endlosen Sonnenblumen- und Zuckerrübenfeldern.

Ich hätte gern die Familie und den Bundesstaat gewechselt. Aber ich musste ausharren: *„you have to adjust"*, du musst dich anpassen, war die Devise, also erhob ich mich beim Fahnenappell jeden Morgen und hob meine Augen zur amerikanischen Flagge empor, lernte die Spielregeln des *small talk*, ging Sonntags zur Kirche, lächelte und schrieb.

Eines Tages war mein Tagebuch aus meinem Schulspind verschwunden. Das Schloss war nicht aufgebrochen worden. Alle Nachforschungen waren vergeblich. Ich wurde noch einsamer. Plötzlich kam aber die Nachricht, ich dürfte Familie und Bundesstaat wechseln, plötzlich bewegte sich etwas. Der Himmel hatte sich geöffnet, das Tagebuch aber blieb verschwunden. Die Lehrerin zuckte mit den Achseln, wenn ich sie danach fragte.

Die Stadt im Mittleren Westen verschwindet genau im Falz meines Schulatlasses. Auf dem Rollfeld des kleinen Flughafens bekam ich mein Tagebuch zurück.

Es hatte einen Ausflug nach New York gemacht. Die Lehrerin hatte es dem Direktor der Schule gegeben, der hatte die Austauschorganisation verständigt. Die hatte es zur Hauptstelle nach New York geschickt. Dort gab man es einem Psychologen zu lesen. Ich sehe ihn vor mir, mit meinem gelben Ringbuch auf den Knien, die Beine auf den Schreibtisch gelegt, er sieht Woody Allen ähnlich, trägt eine dunkle Intellektuellenbrille und ist mir sympathisch. Woody Allen verstand meine Einsamkeit und meine Sorgen. Meine Schulfreundin hatte sich in Deutschland das Leben genommen, das beschäftigte mich sehr. Meine amerikanische Familie sagte dazu nur: Selbstmord ist Sünde.

Woody Allen gab mir ein Etikett, ein Wort, er sagte, ich sei *„suicidal"*, selbstmordgefährdet. Mein Freibrief und mein Flugticket hinaus aus dem Mittleren Westen.

Plötzlich behandelte man mich wie ein rohes Ei. Ich durfte mir an der Westküste meine Gastfamilie suchen und fand sie bei Hippies auf einer Insel. Ich fand mein Glück in einem Wohnwagen mit warmen und armen, liebevollen und aufgeklärten Menschen, mit denen ich heute noch Kontakt habe. Das Tagebuch ruht in einer Kiste und ich widerstehe der Versuchung, es noch einmal zu öffnen.

Bei meinen Eltern und Geschwistern zuhause wurde nie viel Wert auf Privatsphäre gelegt. Postkarten und Briefe wurden schamlos gelesen. Nur durch Zufall entdeckt man ja, dass sich jemand vergriffen hat. Man wundert sich, wenn ein Stapel durcheinander geraten ist, wenn Briefe nicht dort liegen, wo sie hingehören. Nur einmal hat mir einer meiner älteren Brüder so nebenbei gestanden, dass er sich für meine Gedichte interessiert hat, als ich ihm für ein paar Tage meine Wohnung überlassen hatte. Dass er mit seinen Freunden, allesamt nicht mehr junge Familienväter, nachts in weinseliger Laune meinen Schreibtisch durchwühlt hatte und sie sich gegenseitig aus meinem Tagebuch und meinen Gedichtentwürfen vorgelesen hatten. Seither schreibe ich mein Tagebuch so unleserlich, dass ich selbst Schwierigkeiten habe, es zu entziffern.

Und wenn ich einmal doch in ein altes Tagebuch hineinspickle, mit Herzklopfen, als würde ich etwas Verbotenes tun, so bin ich nur erstaunt und entsetzt über die Ansammlung von Banalitäten.

Aber der Wunsch ist geblieben, etwas auszudrücken und verwandeln zu wollen.

Das ist vor allem viel einsame Arbeit, und Selbstzweifel und Tiefen müssen immer wieder ausgelotet werden.

Ich bin darüber zur Anstatt-Schreiberin geworden. Ursprünglich habe ich nur Gedichte und kurze Prosa verfaßt. Als ich vor vielen Jahren den Thaddäus-Troll-Preis bekam, stand ein Schmähartikel über mich in der Stuttgarter Zeitung. Tenor des groß aufgemachten Pamphlets war, dass eine Mafia, ein „Mafiäle", im Ländle mir diesen

Preis gegeben habe. Was ich mir zu Schulden kommen lassen hatte, war, dass ich in ein und demselben Jahr ein Stipendium des Landes Baden-Württemberg erhalten hatte und den Thaddäus-Troll-Preis zuerkannt bekam, und dass ich in den Jahren zuvor auch durch kleinere Stipendien gefördert worden war.

„Gefährdet man durch solch eine irrsinnige Ballung der zur Verfügung stehenden Gelder nicht die verdienstvolle Sache der Literaturförderung an sich? Wenn Eva-Christina Zeller einfach ein Arbeitsstipendium des Förderkreises erhalten hätte, wäre das zu begrüßen. Sie ist eine Lyrikerin unter vielen, die noch keinen eigenen Ton gefunden hat, die sich an Versatzstücken aus der Literaturgeschichte abarbeitet und sich vom Epigonalen befreien müsste. Dafür ist der Förderkreis da. Doch dass man dieser Lyrikerin gar keinen Gefallen damit tut, wenn man sie in dieser Phase derart mit Auszeichnungen überhäuft, ist zweitrangig. Denn die Sache hat nicht bloß das berühmte ‚G'schmäckle'. Sie stinkt."

Dieser Artikel schien mich anfangs gar nicht einmal besonders zu berühren, weil viele Dinge darin nicht stimmten. Es gab eine Gegendarstellung. Die Zeitung kommentierte die Gegendarstellung, darin wurde erneut etwas falsch wiedergegeben. Es gab eine zweite Gegendarstellung. Aber am Ende merkte ich, dass etwas an mir hängen blieb. Die Kollegen tuschelten, wenn ich bei einer Lesung auftauchte. Ich wurde nicht mehr zu Lesungen eingeladen, wurde persona non grata. Ich konnte auf diesen Artikel nicht reagieren. Ich war wie gelähmt, schockiert. So wie ich auf die Geständnisse meines Bruders, mit Freunden mein Tagebuch gelesen zu haben, nicht reagieren konnte. Wurde fassungslos, traurig. Wurde wie ein Kind, das sich gegen eine Übermacht, die es nicht gut mit ihm meint, nicht wehren kann. Was hatte ich getan, um so mit Gülle übergossen zu werden?

Ich habe diesen Schmähartikel 15 Jahre nicht gelesen, jetzt bin ich für diesen Text und nur weil man mich dazu aufforderte, in den Keller gestiegen und habe den Aktenordner geöffnet. Der Tesafilm, der den Artikel zusammenhält, ist an den Rändern gelb geworden. Aber mir wird heiß, wenn ich ihn lese. Gleichzeitig versteinere ich. Ich werde *steinwütend*.

Dieser Artikel hat mein Leben verändert. Auch das macht mich wütend. Wie kannst du nur jemandem so viel Macht einräumen? Der Journalist, den ich nicht kannte, war auch ein Schriftstellerkollege, er hoffte vielleicht selbst auf den Preis oder hätte gerne gesehen, dass seine Freundin, auch Schreibende, den Preis erhalten hätte. Der Artikel war unsauber geschrieben, voller Fehler, und er hatte Widerhaken, die ich nicht herausziehen konnte.

Wie reagierte ich darauf? Darüber schreiben konnte ich nicht, aber ich brachte alle Gedichte in mir um. Ich dachte, wenn sie dich nicht für deine Gedichte lieben, dann halt nicht, dann bleiben die Gedichte eben tief verborgen, aber dieser Welt oder besser gesagt diesem Literaturbetrieb opferst du dein Bestes nicht. Da ich es mit dem Schreiben nicht ganz lassen konnte, begann ich, noch mehr für den Rundfunk zu schreiben, ich schrieb über andere, um nicht mehr Gedichte schreiben zu müssen. Ich wurde Journalistin. Vorher hatte mich der Rundfunk auch schon ernährt, seit fast zwanzig Jahren verfasse ich Features, Literaturkritiken, Hörspiele und vieles mehr. Aber mein Selbstverständnis änderte sich nun. Früher hatte ich für Johannes Poethens „Literaturforum" und die „Wirklichkeit des Gedichts" geschrieben. Er war selbst Lyriker und alle seine Mitarbeiter waren beides: Journalisten und Schriftsteller. Aber als er in den Ruhestand ging, fielen seine Sendungen weg. Nun arbeitete ich nicht mehr für die Literatur, sondern für die Alltags- und Bildungssendungen. Das tat ich viele Jahre lang. Dann änderte sich abermals die Rundfunklandschaft, meine Redakteurin ging in den Ruhestand, ich bekam weniger Aufträge und jetzt habe ich mich wieder den Gedichten zugewandt. Anstatt eben.

Äußerlich bin ich erwachsen geworden, ich bewältige meinen Alltag als Alleinerziehende mit zwei Kindern, aber wenn ich schreibe, dann bin ich nicht erwachsen. Dann muss ich jeden Tag wieder von vorne beginnen, wie ein kleines Kind, das sich etwas beweisen muss, wie eine Pubertierende, die ihre Welt erst erobern muss. Ich fühle mich als ewige Dilettantin, obwohl ich inzwischen viel Erfahrung mit dem Schreiben habe. Aber ich verfüge nicht über die Gewissheit, dass ich es auch kann. Heute noch kann oder morgen.

Oft wünschte ich, ich hätte Geld, um nicht für mein Brot beim Rundfunk schreiben zu müssen. Aber wenn ich es plötzlich hätte, Zeit, um endlich den Roman zu schreiben, von dem ich träume, dann hätte ich Angst, dass mir der Roman nicht gelänge und ich säße am Morgen vor meinem Laptop und würde nicht wissen, wie anfangen und nach ein paar vergeblichen Versuchen, wäre ich froh, wenn das Telefon klingelt, wenn ich zu einem Arzttermin müsste, wenn es Zeit wäre, den Kindern Mittagessen zu kochen oder bei den Hausaufgaben zu helfen. Das kenne ich doch gut, das mache ich doch fast täglich: Ich koche mir einen Tee, ich füttere die Katzen, ich lese meine Emails und räume die Wohnung auf. Lauter Anstatts. Und plötzlich habe ich Lust eine Kindergeschichte zu schreiben: „Woher kommt das Böse?" lautet der Titel der Auftragsarbeit und ich bewältige sie, aber das Feature, das ich eigentlich schreiben, sollte bewältige ich nicht. Lauter Anstatts.

Ich habe gelernt, mit dem schreibenden Kind in mir sorgsam umzugehen wie mit einem kranken Kind, das man verhätscheln und trösten muss. Ich schlage mir ein Schnippchen und schreibe nebenher, um meine Erwartungen zu umgehen, und sie nicht nur zu enttäuschen. Jeden Tag rolle ich den Stein des Schreibens den Berg hinauf. Wenn ich Bücher von Kollegen lese, dann bewundere ich sie, einerseits. Andererseits denke ich, das könntest du auch. Selbstgespräche, kreisend um mein labiles Selbstwertgefühl. Oder ich lege mich in die warme Badewanne und lese Zeitungsartikel meiner Kollegen und denke, die können das doch ganz gut, die Welt hat auf dich nicht gewartet. Aber wenn ich mich frage, was willst du noch in diesem Leben, dann steht der Roman ganz oben. Mal sehen wie das Schnippchen aussieht, das ich mir schlagen muss, um mir diesen Wunsch zu erfüllen.

PS: Anstatt des Romans habe ich jetzt einen neuen Band mit 130 Epigrammen geschrieben, die sich um den Alltag einer Mutter drehen – aus jedem potentiellen Romankapitel ist ein kurzes Epigramm geworden. Ich habe eingedickt, eingedampft, verdichtet. Was für eine Verschwendung von Material!

# Wasser, Grasgeruch und Lippenstift Oder: Der Morgen danach

## Genrewechsel: Die Übersetzerin als Journalistin

*Elsbeth Gut Bozzetti*

Gestern, spät abends, war ich ganz zufrieden gewesen mit diesem Text über das Schreiben, dessen Schlussteil mich selber überrascht hatte. Aber heute morgen bin ich aufgewacht mit der Gewissheit: Es ist wieder einmal ein verstecktes Selbstporträt. Nicht des Inhalts wegen, der sollte ja persönlich sein, sondern in der Form. Verknappt, angespannt, ungesprächig, kontrolliert. Keine Spur von Gelassenheit, kein wohliges Räkeln auf dem Sofa, kein plötzliches Auflachen, keine geheimen Blicke. Sondern: Stuhl am Schreibtisch und konzentrierter Blick auf die Buchstabenreihen im Bildschirm.

Und der Anfang, typisch Widder, immer gleich mit dem Kopf gegen die Wand: „Schreiben ist kein Handwerk" – wenn das keine Provokation ist, vor der versammelten Zunft der Journalisten. Der Satz, den ich da geschrieben hatte, ist nur die eine Hälfte. In meinem Kopf hatte er ein Spiegelbild, das lautet: *Il mestiere di vivere*, das Handwerk des Lebens. Das ist der Titel von Cesare Paveses Tagebüchern, in denen es ums Leben und Schreiben geht und um deren komplizierten Zusammenhang. Dass Pavese dem Handwerk des Lebens freiwillig entsagt hat, wirft einen Schatten auf das Handwerk des Schreibens. Denn die beiden haben ursächlich miteinander zu tun, wie jeder weiß, der schreibt. Das Viele, das dazu zu sagen wäre, hatte ich wortkarg verkürzt zu dem kleinen Satz: „Schreiben ist ein Geheimnis".

Ich stolpere oft über solche gedanklichen Kurzschlüsse, über das Strandgut jahrelanger Leseleidenschaft, über einen zähen Restbestand akademischer Zitatschnitzerei. Dabei werde ich das Gefühl der Leichtigkeit nie vergessen, mit dem ich an einem sonnigen Frühlingsnachmittag monatelanges Fußnotenstricken (an einer nie beendeten Dissertation) von meinem Schreibtisch gefegt und, keinem Muster folgend als der Lust zu Erzählen, das zu Papier gebracht habe, was ich zu meinem auserwählten Autor zu sagen hatte, was mich an ihm begeisterte. Es war ein regelrechter Befreiungsschlag gewesen, nicht zuletzt gegen mich selbst und die ständige Angst, der Sache nicht gewachsen zu sein. Dass dieser Text mein Einstand ins professionelle Schreiben werden würde, ahnte ich damals nicht. Und jetzt, ein paar Dutzend Artikel danach, als Übersetzerin, die nur gelegentlich journalistisch schreibt, soll ich etwas über das/mein Schreiben zu sagen haben?

Ich schreibe doch nicht, war mein erster Gedanke gewesen, den schon der zweite Lügen strafte: Seit Jahren verbringe ich meine kostbarsten Stunden über Gedichtzeilen und Wörterbücher gebeugt, in meinen Regalen stapeln sich Hefte voller Aufzeichnungen, statt stundenlang zu telefonieren, schreibe ich stundenlang Briefe (ja, altmodische Briefe voller Herzblut), Lesen ist unverzichtbarer Teil meines Alltags.

Was also konnte ich über das Schreiben sagen?

Das erste, was mir einfiel, war eben der Satz:

„Schreiben ist kein Handwerk, es ist ein Geheimnis."

Das stimmt. Klingt aber sehr apodiktisch, kurz angebunden. Ein Satz, der jedes Gespräch schon im Keim erstickt. Sei gefälligst ein bisschen gesprächiger, schelte ich mich, erkläre, wie du das meinst. Mit einem Griff in mein kleines Nähkästchen fange ich an zu plaudern: „Der Moment, in dem ich im Wortknäuel in meinem Kopf einen Zipfel zu fassen kriege, ihn aufs Papier banne und diesem Zipfelchen zögernd andere Wörter folgen, sich zu Sätzen reihen; wenn sich an diesem ersten dünnen Faden entlang das Knäuel zu entwirren beginnt, sichtbar wird als Bleistiftspur auf weißem Grund. Wenn das lautlose Stimmengewirr in meinem Innern, die körperlosen Wörter sich verwandeln in graphische Zeichen, körperhaft werden, somit fasslich, anfassbar, und ich sie auf dem Blatt oder dem Schirm durchstreichen kann, anklicken, ausschneiden, umstellen; wenn die Sprache in die Hände zu fließen beginnt, in den Bleistift, die Tastatur. In dem Moment weiß ich: Die Spur wird irgendwohin führen, etwas hat sich zu erkennen gegeben, also gibt es etwas zu finden.

Schreiben hat für mich mit Wasser zu tun: Als müsste ich ein verborgenes Etwas, dessen Gestalt ich nicht kenne, aus den Tiefen bergen. Wie in Fellinis Film *Casanova*, in dem unter Beschwörungsformeln, Kosewortern, Verwünschungen, obszönen Zurufen, unter Staunen und Hoffen und Bangen die große Göttin der Meere mit Hilfe von Seilwinden aus dem Canale Grande gehievt wird und im letzten Moment mit Getöse für immer in den schwarzen Wassern des Canale verschwindet. Ah Venessia, aäh Venùsia lärmen die Stimmen in meinem Innern, während ich an den Seilen ziehe und hoffe, sie mögen nicht reißen.

Die gelungene Bergung des Textes ist ein Glücksfall, den ich nicht erzwingen kann, auf den ich keinen Anspruch habe."

An diesem Punkt ist mir der Atem ausgegangen, das Nähkästchen habe ich mittlerweile unauffällig verschwinden lassen. Mit ernster Miene und ohne weitere Umschweife war mein (gestriger) Text auf das Thema zugesteuert, das „mit unerbittlicher Selbstverständlichkeit hauptsächlicher Gegenstand meines Interesses" geworden ist. Nämlich „mein Leben im Niemandsland zwischen den beiden Sprachen, in denen ich lebe". Ich hatte versucht, mir darüber klar zu werden, wie das Übersetzen (von italienischer Lyrik) mit dem Schreiben zusammenhängt. Denn einen Zusammenhang gibt es natürlich. (Nicht zuletzt den, dass Übersetzen ein Luxus ist, den ich mir durch journalistische Arbeit ermöglichen kann; so jedenfalls dachte ich am Anfang.) Aber statt zu erzählen, hatte ich Aussagesätze formuliert wie diesen: „Nirgendwo bin ich so bei mir selbst, als wenn ich an einer Gedichtzeile entlang zwischen dem Deutschen und dem Italienischen hin- und hergehe." Ist zwar die reine Wahrheit, klingt aber seltsam verkopft. Oder dieser andere Satz, der mir heute so akademisch-hölzern vorkommt: „Wie ein Kleinkind höre ich auf die Sprache ausgehend von ihren Kleinstbestandteilen: Vokale, Konsonanten, Silben, Wörter. Die Alchemie dieser Teilchen, die Schattenhöfe des Nichtgesagten, das hinter der Oberfläche Durchscheinende ist das, was mich eigentlich interessiert." Wie hatte ich so naiv sein können, zu hoffen, im Wartezimmer des Zahnarztes, am imaginären Leseort journalistischer Texte, folge mir auch nur eine Leserin in diese Geheimgänge der Philologie!? Gibt es einen gestern mit Hingabe formulierten Satz, der heute meinem unerbittlich vernichtenden Urteil standhält? Rette sich, wer kann, flüstere ich unter vorgehaltener Hand ein paar Sätzen zu, die sich vor dem Argusauge schutzsuchend in die Ecke ducken. „Übersetzen erlebe ich oft als ein Hinabtauchen in Tiefenschichten des eigenen Ich und der eigenen, der Muttersprache. Dort wo Sprache immer die Wiederkehr einzelner Wörter ist, die nach frisch gemähtem Gras riechen oder nach der Wärme unterm Kachelofen, dort, wo die Wörter ihren eigentlichen Klang haben, der ihnen im Laufe der Jahre verloren gegangen ist, im Laufe der Schul- und Studien- und Auslandsjahre. Das Übersetzen zeigt mir den Weg zur Sprache; es ist ein langer, nicht unbeschwerlicher Weg zurück, den Fußspuren eines Dichters folgend und seiner Texte; ein Weg vom Fremden ins Eigene. Übersetzen ist Schreiben im Windschatten eines anderen."

Und dann passiert es. In einem Moment der konzentrierten Unachtsamkeit, des sinnierenden Umherschweifens, entschlüpft die Sprache meiner Kontrolle. Statt mir, wie sonst, ordnend und prüfend Folge zu leisten, schwingt sie sich in trotzigem Übermut auf die Flügel der Metapher, entschlossen, sich nicht von ihrem halsbrecherischen Höhenflug abhalten zu lassen. „Dein Journalisten-Ich", ruft sie frech, „ist die kleine Schwester der Übersetzerin, die jüngste im Schwestern-Trio. Die älteste ist die Leserin, mit der hat alles angefangen." (Du hast ja Recht, gebe ich versöhnlich zu, aber worauf willst du hinaus?) Da gerät meine sonst treue Verbündete erst recht in Fahrt. „Typisch große Schwester will die auch immer sagen, wo's lang geht. Sie bildet sich ein, der Übersetzerin ins Zeug reden zu können und an der Kleinsten, der Schreibenden, mäkelt sie ständig herum. Nie lässt sie sie gewähren: ihre Brille findet sie zu streng, die geliebten Pastelltöne modisch out. Ganz zu schweigen von ihrer Vorliebe für kleine Dessins und flache Absätze." (Was soll denn jetzt der Quatsch mit dem Stoff? Und was, bitte, hat Mode mit Schreiben zu tun, frage ich irritiert). Je länger ich sie gewähren lasse, desto mehr hebt sie ab; ich stehe da, renke mir den Hals fast aus und sehe sie kaum noch. Wenn sie da nur wieder heil runterkommt, ist mein einziger Gedanke. Für heute ist mit der nichts mehr anzufangen, soviel ist klar.

Ich kenne das ja schon, das Schwester-Gezeter. Zwar streiten sie oft, die große und die kleine Schwester, aber sie lieben sich auch sehr. Wie Geschwister sich eben lieben: mit Eifersucht und Sticheleien. Aber sie schließen immer wieder Frieden nach dem Streit. Großherzig kommt sie dann, die unausstehliche Besserwisserin, und nimmt die widerspenstige Kleine in den Arm: „Mut zur Farbe, Mädchen", sagt sie lachend und drückt ihr einen knallroten Kussmund ins blasse Gesicht.

Epilog oder morale della favola:
1. Gib nie einen Text aus der Hand, über den du nicht mindestens eine Nacht geschlafen hast.
2. *Was, wenn Schreiben doch Handwerk wäre?*

# Kann jemand im Ernst behaupten, dass Bügeln oder Putzen schöner sei als Schreiben?

## Die Lust, eine Welt in Worten zu erschaffen

*Marianne Mösle*

„Ich schreibe gern", sage ich heute und meine damit, dass ich gerne schreibe, so wie andere gerne kochen oder Fußball spielen. Ich weiß nicht, wann ich die Angst vor den eigenen Sätzen und Wörtern verloren habe. Ich kann nur mutmaßen, dass es zur Zeit meiner Examensarbeit gewesen ist.

Während meines Studiums schrieb ich nicht gern. Nicht privat und nicht meine Seminararbeiten. Ich hinterließ keine Nachrichten auf dem Küchentisch meiner Wohngemeinschaft. Manche Schreibversuche verbrannte ich im Herd, um nur ja keine Spur zu legen. In einer schriftlichen Prüfung fiel ich durch, weil ich keine einzige Zeile zu Papier gebracht hatte. Ich schämte mich davor, zu viel von mir preiszugeben. Oder womöglich zu zeigen, dass ich nicht so schreiben kann, wie ich es von mir selbst erwartete. Nicht einen Bruchteil so literarisch wie die Schriftsteller, die ich studierte, nicht ein Bruchteil so analytisch wie die Wissenschaftler, bei denen ich studierte.

Doch während meiner Examensarbeit hatte ich monatelang nichts anderes zu tun, als zu schreiben. Im Schreibkäfig, flüchten unmöglich. Wollte ich nicht verrückt werden, blieb mir nur die Möglichkeit, mich mit dem Schreiben zu versöhnen. Mein Thema war ideal dafür: Eine Untersuchung zu Stil und Schreiben des Schriftstellers Robert Walser. „Walsern ist das Wie der Arbeit so wenig Nebensache, dass ihm alles, was er zu sagen hat, gegen die Bedeutung des Schreibens völlig zurücktritt", interpretierte Walter Benjamin und analysierte Walsers Beweggrund für das Schreiben als den Akt des Schreibens selbst.

Eben diese Entdeckung machte ich beim Schreiben meiner Arbeit: Ich fand die Lust am Schreiben. „Ich schrieb und schrieb, ging nicht vom Tisch weg. Nie schrieb ich mit solchem Eifer. Das war ein Hingeben. War ich nicht beinahe eine Schreibmaschine?", schreibt Walser und das traf genau meine Erfahrung: „Legt ich nicht mein ganzes Wesen ins Buch? Ich ging schier im Papier unter. Fast ohne dass ich wollte, schwoll es an und weitete sich; doch strengte ich immerhin den Kopf dabei an." Meine Examensarbeit ist deshalb ein Essay geworden, ein Schreibexperiment mit guten und mit schlechten geschriebenen Seiten, keine wissenschaftliche Arbeit.

Schreiben als Wort- und Satz-Versuche: das sind für mich reflektierbare und korrigierbare Äußerungen. Nie definitiv. Eine Art Spiel, vom Spontanen zum Kontrollierten. Der Prozess des Schreibens packt mich, aber er lässt mir Zeit. Zeit, die richtigen Wörter zu suchen, zu finden und lustvoll zu entscheiden, was zu sagen ist. Wenn Robert Walser seine Text-Skizzen als „mannigfaltig zerschnittenes Ich-Buch" bezeichnet, so könnte ich meine Reportagen, Porträts und Features, die ich heute schreibe als diverse Kapitel eines Welt-Buches bezeichnen.

Ich bin Journalistin geworden, weil ich zwar schreiben, dabei aber so wenig wie möglich von mir preisgeben will. Nicht als Schreiberin, sondern als Be-Schreiberin. Mit einem klaren Auftrag und einem Thema, das recherchiert, erfahren, erkundet, beschrieben und vielleicht sogar interpretiert sein will. Getrieben von der Ahnung, dass ich das Erlebte womöglich erst verstehen werde, wenn ich darüber schreibe.

Die Neugierde drängt mich zum Schreiben. Zunächst unstrukturiert und ohne Plan. Morgens unter der Dusche formuliere ich meine ersten Sätze.

„Der Arzt hat sie krank geschrieben. Das Rheuma, Marlies tun die Finger weh. Aber, hat sie gesagt, bitte nur vormittags Herr Doktor. Weil? Ja, weil sie will ja spielen, abends, gesund sein, muss sie ja. Theaterspielen mit Franz." (Mein Thema ist ein Theaterprojekt mit geistig behinderten Menschen: Schauspielerin, vorübergehend)

Auch der erste Satz am PC schreibt sich schnell.

„,Heute ist Feiertag', sagt Marlies. Hellblau funkeln winzige Augen durch Fältchen. Heute stanzt sie keine Löcher in Metallscharniere in der Mariaberger Werkstatt, heute ist Theatertag."

Genauso schnell, wie er wieder verworfen ist.

„Marlies zieht die Beine hoch auf den hinteren Sitz im Bus, kuschelt sich in ihr sonnengelbes Vlies, sagt, dass sie mit ‚Sie' angesprochen werden möchte und streckt ihren Arm lang aus: ‚Da ich dich küsste, in Paris...' Lacht, legt den Kopf in den Nacken und stellt sich vor: ‚Marlies Schradin', und nach einer kurzen Pause: ‚Schauspielerin.' Seit 30 Jahren im Mariaberger Heim, vorübergehend Schauspielerin."

Angst vor dem ersten Satz auf weißem Papier habe ich keine, im Gegenteil, ich habe viele erste Sätze. Und natürlich absolut kein weißes Blatt. Wenn jemand behauptet, Papier sei geduldig, so ist das überhaupt nichts im Vergleich zum Bildschirm. An dem ich schreibend Worte und Sätze solange umstellen, löschen und neu schreiben kann, bis sie meiner Ansicht nach stimmen.

Erst nach dem Einstieg verordnet mir mein Thema oder mein Auftrag ein grobes Konzept. Ich sortiere Informationen, Situationen, Bilder, Recherche-Schnipsel. Noch ohne zu wissen, welche Geschichte dabei herauskommen wird. Denn die Geschichte nicht zu kennen, ist Auslöser und Motor für das Schreiben. Wie bei meiner Tochter, die keinen Schulaufsatz abbrechen mag, weil sie wissen möchte, wie ihre Geschichte weitergeht.

Schreibend versuche ich, das Thema in Griff zu kriegen und ihm gerecht zu werden.

Nicht ohne Angst, meinen eigenen Ansprüchen nicht zu genügen und nicht die richtigen Worte zu finden, für das, was ist und was ich sagen will. Ich wehre mich schreibend gegen die Angst, mir die Welt nicht erklären zu können. Hausarbeit bringt Ordnung in die Bude, aber was ist das gegen eine Geschichte, die Themen an ihren Platz rückt. Schreibend räume ich um und auf und bringe Ordnung ins Chaos des Erlebten.

„Zuschauer bieten Marlies das ‚du' an, das sie nicht will, und lassen sich mit ihr, die die Mariaberger ihre ‚Aufheiterin' nennen, fotografieren. Aber sie kann nicht stillstehen zwischen Bügelfalten und hochhackigen Pumps, schlägt sich ans Ohr und spuckt Sätze aus: ‚Mein Herz schlägt rückwärts' oder: ‚Ich bin die Königin.' Erkennt sie denn jetzt keiner mehr? Nein? Schade."

Der Versuch, schreibend die Welt zu verstehen und die Lust am Schreiben bedingen sich gegenseitig. Information für Information und Wort für Wort wird mein Erlebnis zur Geschichte verwoben. Ich formuliere Sätze, klopfe, schmiede, hämmere, drechsle. Mache wie beim Nähen einer Naht lange Stiche vor und mit einer großen Schlaufe einen kürzeren zurück. Dann halte ich meine gesteppten Wörter, Sätze und Abschnitte wie Stoffbahnen gegen das Licht. Angespornt von dem Wunsch, dass sie zusammenbringen, was zusammengehört. Schritt für Schritt. Vorwärts, seitwärts, rückwärts. Hand- und Kopfwerk.

Die rhythmische Bewegung meines Schreibens ist Kommunikation. Nicht spontan wie beim Sprechen, sondern überlegt, stilvoll und spielerisch. Hinter meiner Schreibe kann ich mich verstecken, mich verkleiden, schauspielen, zeigen was ich will, wie ich will und wer ich bin oder nicht bin. In meinen Geschichten inszeniere ich Welt nach, aus meiner Perspektive, so wie ich sie sehe und verstehe. Als Experiment, bei dem manchmal ich und manchmal der Abgabetermin entscheiden, wann es abgebrochen wird.

Dabei kann ich nicht verheimlichen, dass mich Schreiben auch ablenkt von der Welt. Ich schreibe zum Beispiel lieber übers Fensterputzen, als dass ich den Wischlappen zur Hand nehme. Absolut unverständlich ist mir, wenn Kolleginnen stöhnen und zuerst einmal Staub wischen, bevor sie sich an den Schreibtisch setzen. Kann jemand im Ernst behaupten, dass Bügeln oder Putzen schöner sei als Schreiben? „Ein Oberlehrer schaute nur von ferne, als ich schanzen, will sagen, dichten sollte, zu, er sah mich jedoch tanzen", schreibt Walser.

# Die meisten Geschichten sind unrund

## Die Welt ist komplex. Journalisten reduzieren Komplexität

*Ulrike Pfeil*

„Wenn du jetzt noch schreiben könntest, dass der illegale Afrikaner aus politischen Gründen sein Land verlassen hat", sage ich zu meinem Kollegen, „dann wäre die Geschichte rund." Kann er aber nicht, denn davon hat der Mann, obwohl von Abschiebung bedroht, nichts gesagt. Wenn einer in der Redaktionskonferenz bei der Blattkritik eine „richtig schöne, runde Geschichte" lobt, bedeutet das zweierlei. Erstens: Sie ist ordentlich ausrecherchiert, es bleiben keine Fragen offen. Aber zweitens auch: Die Geschichte fügt sich wunderbar in die Vorstellungswelt, sie bestätigt, was man schon immer vermutet hat, oder sie widerlegt Patent-Vorurteile, sie lässt weder Widersprüche noch Unklarheiten erkennen. Eine Geschichte ist gut, wenn sie rund ist. Runde Geschichten zu produzieren, ist der Journalistenberuf.

Manchmal, wenn es beim Schreiben nicht laufen will, merke ich: Es liegt daran, dass ich die Geschichte nicht rund kriege. Alle Fakten sind beisammen, nur die Puzzleteile fügen sich nicht zu einem stimmigen Bild, der darunter liegende Argumentationsstrang ist nicht schlüssig, die Wahrheit, die Realität ist zu komplex, um sie in einem herkömmlichen Zeitungsartikel zu fassen. Die Wahrheit wäre was fürs Feuilleton, ein selbstreferentieller Artikel über die Schwierigkeit der Journalistin im Umgang mit den verschiedenen Wahrnehmungs-Ebenen. Über das Weggelassene. Die Schreibtisch-Kollegin in der Redaktion sieht meinen gequälten Blick. „Na, hast du die Geschichte zu Tode recherchiert?" fragt sie mit diesem sympathisierenden Zynismus, den Profis eben so drauf haben. Das erinnert mich an meine Routine, an die Deadline, und daran, dass wahrscheinlich kein Leser das Unrunde vermissen wird, die Unklarheiten und Widersprüche, die ich entdeckt habe. Es ist Verlass auf das Grundbedürfnis nach Harmonie, nach Eindeutigkeit und Komplexitäts-Reduktion.

Im Lokaljournalismus, wo ich arbeite, ist man besonders nah an der Lebenswirklichkeit. Aber gleichzeitig wird diese Nähe zur Barriere. Denn vieles, was man über das soziale Zusammenleben der Menschen erfährt, fällt unter den Schutz der Privatheit. Man darf die Leute nicht öffentlich bloßstellen, man kann ihrem Dasein auch keine andere Interpretation geben als jene, die sie selbst akzeptieren. So übe ich mich in der Verdrängungskunst des Gesehenen, das nicht geschrieben werden darf.

Vor Jahren, ich war eine junge Redakteurin und neu bei der Zeitung, für die ich arbeite, hatten wir eine Serie mit Straßen-Porträts. Begeistert machte ich mich daran, eine der schönsten Straßen der Stadt zu erforschen. Ich las im Stadtarchiv Häusergeschichten, ich machte mich kundig über Prominente, Dichter und Denker, die dort gelebt hatten. Aber als ich mich dem aktuellen Alltag näherte, als ich an Haustüren klingelte und Bewohner befragte, stieß ich fast nur auf Unschreibbares. Hier empfing mich ein alter, offenbar alkoholisierter Choleriker, der sofort in eine wüste Tirade auf den Denkmalschutz und die Stadtverwaltung ausbrach, dort, in einem besonders hübschen, verwunschenen Haus, lebte eine Frau mit einer schweren Sprech-Störung, gegenüber ein schlafloser Kriegsversehrter, der nachts die Wände seiner Mietwohnung mit üppigen Landschaftsszenen bemalte (was niemand wissen durfte, am wenigsten der Vermieter). Konnte ich, nach allem was ich gesehen und erfahren hatte, nur über die harmlosen „netten" Anwohner schreiben, durfte ich das psychische Elend, das mir entgegenschlug, ignorieren? Hätte das nicht ein völlig verkehrtes Bild gegeben? Bestand nicht gerade das Eigentümliche, die Leistung dieser Nachbarschaft darin, all diesen „Verrückten" und Unangepassten ihren Raum und ihre Deckung zu geben? Es war ein wunderbarer dokumentarischer Stoff. Ich nahm mehrere Anläufe, am Ende blieb die Geschichte ungeschrieben. Ich recherchierte keine Straße mehr.

Je größer die Nähe, desto stärker der Konflikt. Im Lokalen ist alles überprüfbar, kein Spielraum für Beschönigung und Beugung der Fakten. Und es sind gerade die vermeintlich trivialen Schwarzbrot-Termine, die mir als Reporterin am meisten zu schaffen mach(t)en: In Gesprächen mit Altersjubilaren und Goldenen Hochzeitspaaren tun sich oft Einblicke in den Zustand des Privaten auf, die einen sozialen Aufschrei rechtfertigen würden – wäre es nicht die geschützte Privatsphäre. Man spürt doch genau, welcher Partner da den anderen 50 Jahre lang unter der Fuchtel hielt, man erlebt, wie die Frau ihrem schon etwas senilen Mann über den Mund fährt – aber man wird schreiben, dass sie immer glücklich zusammen waren und gemeinsam viele schöne Wanderungen gemacht haben. Hätte ich schreiben sollen, dass die Mitarbeiterinnen des Altenheims hinter dem Rücken von Frau K. grinsend mit den Augen rollten, um mir zu bedeuten, das Frau K. schon ein bisschen plemplem war? Würden nicht alle, wenn ich über die würdevolle Behandlung von Altenheimbewohnern recherchiert hätte, beteuern, wie sorgfältig sie gerade diesen Aspekt beachten, und wie oft sie die Mitarbeiterinnen auf Schulungen schicken? Ist Frau K. ohnehin nur ein Einzelfall?

Nein, die Indizien reichen nicht aus. Ich werde schreiben, dass Frau K. mit ihren 90 Jahren immer noch jeden Tag ihr Lokalblatt liest und dass sie gerne in dem Altenheim lebt (was sie gesagt hat). So wie ich nicht geschrieben habe, dass aus der Küche von Frau B. ein stechend fauliger Geruch drang und ihre Tochter mit sichtlicher Verlegenheit die Tür zuzog, bevor sie mir im Beisein von Frau B. („gell, Mutter?") alles über Frau B. erzählte, die selbst stumm blieb.

Im Wettstreit zwischen journalistischem Instinkt (die Story hinter der Story sehen) und journalistischer Routine siegt immer die Routine. Doch der Instinkt lässt sich nicht kleinkriegen. Er nagt und bohrt wie ein schlechtes Gewissen. „Irgendwann", sage ich zu meiner Kollegin, „werde ich all diese unrunden Geschichten schreiben." Werde ich wirklich? Ich glaube nicht. Denn das wäre nicht Journalismus, sondern Literatur. Ich aber bin Journalistin.

# II Analysen

# Die Tausendfüßler-Dialektik

## Schreiberfahrungen und Schreibforschung – eine Annäherung

*Friederike Herrmann*

Jede, jeder schreibt anders. Schreiben ist ein höchst individueller Prozess. Das zeigen die Beiträge dieses Buches, das wissen wir aus Berichten von Schriftstellern. Da gibt es jene, die alles vorher im Kopf planen, bis sie den fertigen Text in einem Zug niederschreiben können. Andere kritzeln planlos auf Papier herum, schreiben Entwürfe, verwerfen sie, beginnen von neuem – und wenn sie endlich einen Text zu Ende gebracht haben, korrigieren sie bis zur letzten Minute. Der Schriftsteller Friedrich Dürrenmatt war so einer; er schrieb bis zu zehn Fassungen seiner Manuskripte. Uwe Johnson hingegen tippte flüssig in seine Schreibmaschine, was er zuvor im Kopf entworfen hatte und brauchte fast keine Korrekturen. (Ortner 2000: 346 ff)

Das zeigt: Gute Texte können auf verschiedenen Wegen entstehen. Es gibt nicht die *eine* richtige Art zu schreiben. Vielleicht ist es aufwendiger wie Dürrenmatt viele Fassungen eines Textes zu schreiben, und sie immer wieder zu überarbeiten. Aber nur vielleicht. Womöglich ist es in Wirklichkeit viel anstrengender, alles vorher im Kopf zu entwerfen, wie Uwe Johnson es tat. Man kommt unter Umständen rascher ins Schreiben hinein, wenn man sich wie Dürrenmatt erst einmal Versuch und Irrtum gönnt. Vielleicht kommt man so auch leichter auf neue Ideen.

Die beiden Schriftsteller sind zwei extreme Pole auf einer langen Skala unterschiedlicher Schreibtypen. Auf welche Weise man selbst am besten schreibt, hängt sowohl von der individuellen Persönlichkeit ab als auch von der Textsorte. Die Schreibforschung kann dazu beitragen, dass man unter den vielen Möglichkeiten eine Methode herausfindet, nach der man selbst gut schreiben kann. Denn wer etwas über die Phasen der Textentstehung und Schreibstrategien weiß, kann die eigene Arbeit besser gestalten. Besser heißt nun nicht unbedingt, dass man leichter schreibt. Ganz im Gegenteil: Leute, die leicht *und* gut schreiben, scheinen ausgesprochen rar gesät. Für die meisten gehört das Leiden zum Schreiben, wie die Tastatur zum Computer. Die Texte dieses Buches singen ein Lied davon.

Aber – beschreiben die Autorinnen und Autoren wirklich das Schreiben als mühsam? Schildern viele von ihnen nicht das eigentliche Formulieren, die Suche nach dem treffenden Ausdruck als eher vergnüglich und lustvoll? Wer erst einmal im Schreibfluss ist, scheint selten zu leiden. Die Qual steckt viel häufiger in der Phase *vor* dem eigentlichen Schreiben. Oder auch in den Unterbrechungen zwischen einzelnen Textpassagen, wenn man nicht weiß, wie es weitergehen soll. Das ist die Zeit des Starrens auf einen leeren Bildschirm, des ruhelosen Auf- und Abwanderns im Raum, die Zeit, in der überflüssigerweise Staub gewischt wird, Blumen gegossen und Unterhosen gefaltet werden. Ist dieser Punkt erstmal überwunden, schreibt sich der Text oft fast von allein – scheint es.

Und doch kann man die Phase vor dem Schreiben kaum überspringen. Denn in dieser Zeit passiert etwas höchst Wichtiges, vielleicht das Wichtigste für einen gelungenen Text: Die vielen Informationen, Bilder und Ideen, die wir in uns herumtragen, gerinnen zu einem Ganzen. Das ist meist noch nicht der fertige Text. Das ist in der Regel auch noch kein Plan für den Aufbau. Aber es ist eine Art Konzept, eine Idee für die Gestalt des Textes. Weil wir eine Idee von der Form des Ganzen haben, fällt uns plötzlich ein Anfang ein. Oder wir setzen uns hin und schreiben in einem Rutsch eine Rohfassung.

Sicher muss man einschränken: Dies ist vor allem bei Texten so, für die wir eine eigene Struktur finden müssen. Also zum Beispiel bei Reportagen, weniger bei Nachrichten. Bei Nachrichten und zum Teil auch bei Berichten können wir auf ein Textmuster zurückgreifen, einen vorgegebenen Aufbau, nach dem wir die Informationen auswählen und ordnen. Wir brauchen weniger Vorlauf, weil die kreative Leistung geringer ist. Obwohl auch sie zu einer gut geschriebenen Nachricht gehört: Immerhin müssen wir dafür treffende Wörter und einen gelungenen Sprachrhythmus finden.

Aber zurück zum Konzept des Ganzen, das wir mehr oder weniger bewusst vor dem Schreiben entwickeln: Was es uns so schwer macht, diese Zeit als Teil der Arbeitszeit zu verstehen, ist die Tatsache, dass oft gar nichts zu geschehen scheint. Der Psychoanalytiker Hans Müller-Braunschweig hat ein schönes Bild dafür gefunden: Wie die hilfreichen Zwerge in der Kölner Sage, die heimlich unsere Arbeit erledigen, arbeite unser Unbewusstes an dem Text, verknüpfe bisher verborgene Hauptlinien zu einem Ganzen, vernetze das widersprüchliche Material zu einer Einheit (1984: 77). Die inneren Heinzelmännchen schreiben mit.

Was leider nicht heißt, dass wir uns einfach auf die faule Haut legen können. Das wiederholte Lesen der Notizen, die mühsame Suche nach einem Einstieg, die quälende Wirrnis im Kopf sind Voraussetzungen dafür, dass wir letztlich eine Form finden. Kreative Leistungen sind selten reine Intuition, sondern setzen in aller Regel eine bewusste Beschäftigung mit dem Stoff voraus. Journalisten müssen Fakten einarbeiten, Informationen weitergeben und den Konventionen genügen, die für journalistische Texte gelten. Doch während wir uns bewusst mit dem Material auseinandersetzen, laufen auch unbemerkte Prozesse ab, die den Text mitgestalten. Darum kann es an einem bestimmten Punkt wichtig sein, das ganze Material, die Aufzeichnungen, Zitate, Archivunterlagen beiseite zu legen und sich dem „Fluss der Einfälle schreibend zu überlassen. Dabei wird dann häufig überraschend der vorher nicht sichtbare ‚rote Faden' sichtbar, bilden sich Schwerpunkte – kurz: es entsteht ein Ganzes, das sich organisch und ohne Zwang entfalten konnte. Natürlich kann sich das Geschriebene beim nachträglichen Überlesen als ‚Rohentwurf' darstellen, der vieler Überarbeitung im Detail bedarf. Zumindest aber wirkt er nun nicht mehr gestückelt, die Arbeit am Detail kann in der beruhigenden Gewissheit erfolgen, dass das ‚Ganze' schon als Überschaubares existiert." (Müller-Braunschweig 1984: 77)

Klasse! Und verdammt schwer! Viele Schreiber haben Schwierigkeiten, sich diesem Fluss der Einfälle zu überlassen. Sie fürchten beispielsweise, Wichtiges zu vergessen oder auf Nebengleise zu geraten. Doch Informationen lassen sich nachtragen, Überflüssiges kann man wieder streichen. Die Inspiration aber merkt man einem Text an: Sie schlägt sich im Sprachrhythmus, in Bildern und anderen Stilmitteln, in der Dramaturgie des Ganzen nieder. Das sind Dinge, die sich nachträglich kaum einfügen lassen. Man kann Texte auch sehr konstruiert und kontrolliert schreiben. Aber sie wirken dann leblos, schematisch und spröde. Zudem handelt sich, wer schon zu Beginn des Schreibens sehr kritisch mit seinen Einfällen umgeht, leicht eine Schreibblockade ein. Ideen und Assoziationen wollen sich gar nicht erst entwickeln, weil sie von Anfang an misstrauisch beäugt werden.

Auch dafür hat die Sage von den Kölner Heinzelmännchen ein schönes Bild gefunden (wenngleich wieder mal die Frauen für den Sündenfall herhalten müssen): Als die Frau des Schneiders nachts die Heinzelmännchen beobachten will, ist's mit deren guten Taten vorbei und die Menschen müssen ihr Tagwerk wieder selbst verrichten. Übersetzt können wir sagen: Wer zu genau wissen will, was beim Schreiben geschieht, es zu sehr unter Kontrolle behalten will, tut sich schwer damit, die einzelnen Informationen zu einem organischen Ganzen zusammenwachsen zu lassen. Die Feinheiten, die einen Text gelungen erscheinen lassen, sind zu komplex, als dass wir sie bewusst erfassen können. Wir brauchen dafür die vor- oder unbewussten Funktionen unseres Gehirns, mit denen wir weit mehr Informationen verarbeiten können. Man kann zu viel gliedern und sortieren und darüber den Zusammenhang aus den Augen verlieren. Manche versuchen dann, den überaktiven Denkapparat durch ein Glas Wein zu lockern. (Bekömmlicher ist es vielleicht, sich mit Übungen aus dem kreativen Schreiben zu stimulieren, die ähnliches bezwecken). Vielleicht ist dies auch der Grund dafür, dass Autoren die Stimmung der

Nacht fürs Schreiben nutzen. Wir sind dann näher an dem, was Psychoanalytiker die Primärprozesse nennen und das macht insbesondere ein emotionales und bildhaftes Schreiben leichter. „Locker macht begabt", sagt Marie-Luise Scherer in diesem Buch und wünscht sich einen Apparat, der selbstständig die Einfälle aufzeichnet, die so nebenbei kommen, beim Rad fahren oder spazieren gehen.

Für gute Texte braucht man: Die Gabe, sich der Inspiration zu überlassen und die Fähigkeit, die Einfälle anschließend zu bewerten. In der Regel haben wir viel besser gelernt, unsere Ideen kritisch zu betrachten als eine Zeitlang das schöpferische Chaos zu ertragen. Das Wechseln zwischen beidem trainieren die kreativen Schreibübungen der Amerikanerin Gabriele Rico (1984), das Clustering. Inzwischen hat es in viele Schreibkurse Einzug gehalten. Rico entwickelte ihr Modell in den siebziger Jahren, fast zeitgleich zum noch bekannteren Mind-Mapping (das allerdings stärker die Kontrolle betont). Beide Methoden beruhen auf Erkenntnissen der Hirnforschung. Manches, was Rico über die rechte und die linke Hirnhälfte sagt, ist inzwischen differenzierter erfasst (vgl. z. B. Springer/ Deutsch 1998). Aber die Funktionen des Gehirns, auf denen ihr Modell beruht, beschreibt sie zutreffend. Das Konzept Ricos greift wesentliche Momente des Schreibprozesses auf und ist hilfreich, wenn man dessen Abläufe besser kennen lernen und trainieren möchte.

Fürs Schreiben wechseln wir nach Ricos Analyse beständig zwischen beiden Hirnhälften (die wir hier als Metaphern für bestimmte Funktionen verstehen): Die linke, rationale, logisch bestimmte Hirnhälfte sorgt dafür, dass der Text folgerichtig wird und die Syntax stimmt. Die rechte Hirnhälfte ist zuständig für Bilder, Emotionalität, Klang, Rhythmus und das intuitive Erfassen des Textganzen – also für jene Bereiche, die der Psychoanalytiker Müller-Braunschweig zum Teil dem Vor- und Unbewussten zuschreibt.[1] Die Übungen Ricos

---

[1] Tatsächlich lassen sich viele der Funktionen, die Rico der rechten Hirnhälfte zuschreibt, auch als Funktionen des Un- oder Vorbewussten darstellen. Eine Gleichsetzung von rechter Hirnhälfte und Unbewusstem ist allerdings nicht zutreffend (Solms/ Turnbull 2004: 257ff).

sollen vor allem jene Hirnregionen aktivieren, die wir in Schule und Ausbildung zugunsten logisch-rationalen Denkens vernachlässigen. Wenn wir nach Ricos Modell einen Text verfassen, notieren wir zunächst ein Bündel freier Assoziationen auf einem Blatt und versuchen, unser kritisches Denken dabei weitgehend auszuschalten. Erst anschließend schreiben wir einen zusammenhängenden Text und können dafür unsere Assoziationen nutzen. Im Übungsteil dieses Buches wird diese Schreibübung genauer dargestellt.

An eben diesen Rhythmus von assoziativem Loslassen und rationalem Kontrollieren knüpft auch die „Schreibspirale" des Schweizer Medienlinguisten Daniel Perrin an. Er beschreibt seinen Lesern wie sie in vier Phasen einen Text konstituieren: „Vorwiegend assoziativ bündeln Sie Ihre Gedanken auf Ihr Ziel hin, vorwiegend rational planen Sie den Aufbau, vorwiegend assoziativ steuern Sie Ihren Schreibprozess und lassen sich zugleich vom Schreibfluss vorwärts ziehen, und vorwiegend rational überdenken Sie nach einem ersten Durchlauf den Text." (Perrin 2005: 8)

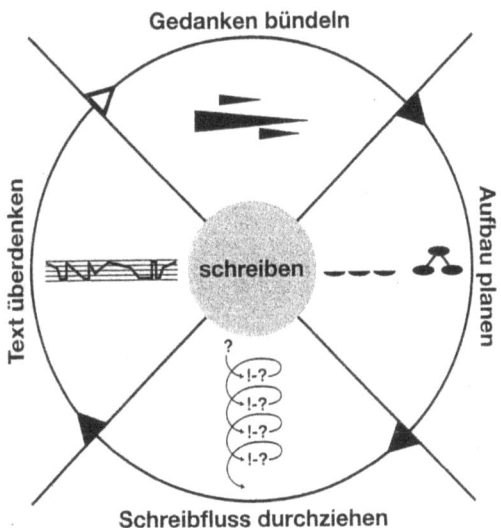

Abbildung aus Perrin 1999: 11

Von den vier Phasen verlangen also zwei nach einer Arbeitsweise, die spontanen Einfällen und der Intuition folgt: das Suchen nach dem Ziel des Textes und das Schreiben selbst. Das kritische Denken ist hingegen gefragt, wenn es um das Ordnen der Einfälle und das Überarbeiten geht. Hier wird Überflüssiges gestrichen, Unausgegorenes neu durchdacht, Formulierungen werden verbessert und der Text versuchsweise aus der Perspektive der Leser betrachtet. Je nach Textsorte und Schreibtypus sind die Phasen unterschiedlich stark ausgeprägt, durchlaufen werden sie jedoch immer. Von einer Spirale spricht Perrin, weil diese Phasen nicht schematisch aufeinander folgen, sondern sich wiederholen, überschneiden, überlagern und verzahnen, während ein Text entsteht.

Die Kunst besteht nun darin, einen guten Rhythmus für diese Arbeitsschritte zu finden. Wer zum Beispiel Schreiben und Überarbeiten ständig mischt, läuft Gefahr in keinen Schreibfluss zu geraten und sich schlimmstenfalls eine Schreibblockade einzuhandeln. Nach Ricos Modell wird durch eine solche Arbeitsweise die linke, rationale Hirnhälfte übermäßig aktiviert und die Kreativität versiegt. Ähnliches gilt, wenn jede Idee sofort kritisch betrachtet wird. Hier hilft es vielleicht, sich klar zu machen, dass das Überarbeiten ein eigener Schritt am Ende jeder Textproduktion ist. Man wird eher drauflos formulieren, wenn man weiß, dass anschließend noch manches gerade gerückt werden kann. Aber auch ein zu starkes Betonen der assoziativen Phasen birgt Probleme. So kann es, fürchtet Perrin, für Journalisten unter Zeitdruck schwierig werden, wenn sie sich von den Phasen des Loslassens zu sehr beflügeln lassen und der Schreibfluss sie davon trägt – weit weg von ihrem eigentlichen Thema.

Wenn wir mit diesem Wissen noch einmal an die Arbeitsweisen von Uwe Johnson und Friedrich Dürrenmatt zurückdenken, so können wir sagen, dass der Unterschied zwischen beiden gar nicht so groß ist, wie es von außen den Anschein hat. Uwe Johnson durchlief vermutlich im Kopf die verschiedenen Phasen des Planens, Verwerfens, Überarbeitens, während Dürrenmatt sie sichtbar auf dem Papier dokumentierte. Die Arbeitsschritte bleiben im Prinzip die gleichen, nur die Strategien unterscheiden sich.

Dieser Einsicht widerspricht auf den ersten Blick, dass Daniel Perrin Journalisten empfiehlt, sich vor dem Schreiben einen Plan im Kopf zu machen. Er hat in einem komplizierten Verfahren verfolgt, wie Nachrichtentexte entstehen und dabei festgestellt: Erfahrene Journalisten machen zunächst einen Plan im Kopf, unerfahrene Journalisten formulieren eher drauflos und brauchen deshalb mehr Revisionen und Zeit. Zudem scheint es schwer, sich vom einmal Geschriebenen wieder zu lösen. Allerdings beziehen sich Perrins Beobachtungen auf das stark formalisierte Nachrichtenschreiben. Die Abfolge der Informationen ist hier festgelegt: Die so genannten W-Fragen müssen in der Reihenfolge ihrer Wichtigkeit beantwortet werden. Das gilt nicht für Formen wie Porträts, Reportagen und Features. Diese Texte orientieren sich nicht an einem so klaren Schema, sondern finden mitunter erst während des Schreibens „ihre Botschaft", wie es die Journalistin Angelika Bachmann in diesem Buch im Gespräch mit Christine Schick (S. 163) formuliert. Ein Plan im Kopf kann hierbei sogar hinderlich sein.

Denn anscheinend ist es auch vom jeweiligen Schreibtypus abhängig, ob der genaue Aufbau vor, während oder sogar erst nach der ersten Niederschrift gefunden wird. Der Linguist Gisbert Keseling hat beobachtet, dass es selbst bei sehr formalisierten wissenschaftlichen Texten Autoren gibt, deren Schreiben es nur behindert, wenn sie vorher eine Gliederung machen müssen. Zwingt man sie dazu, entwickeln sie Schreibblockaden (Keseling 2004: 303ff). Manche Autoren haben eher Etiketten für Textteile im Kopf, als einen Aufbau. Sie wissen also, welche Punkte sie abhandeln wollen, ohne diese klar geordnet zu haben. Für sie ist es sicher hilfreich, erst einmal Textteile zu schreiben, und erst anschließend eine Abfolge zu entwickeln. Für alle Schreiber allerdings gilt, dass der richtige Zeitpunkt für den Anfang gefunden werden muss. Fängt man zu früh zu schreiben an, also bevor eine Idee des Ganzen entstanden ist, schreibt man vielleicht frohgemut drei Absätze, gerät dann aber ins Stocken – wie der Wanderer, der plötzlich ratlos auf einem Stein sitzen bleibt, weil er losmarschiert ist, ohne ein Ziel vor Augen zu haben.

Hat man jedoch eine Idee davon, wohin die Reise gehen soll, kann man durchaus auch schreibend Gedanken entwickeln. „Zuweilen gewinne ich die Oberhand über komplizierte Sachzusammenhänge erst, wenn ich lange genug mit Wörtern jongliere", schreibt Carmen Zahn in diesem Buch. Wir können schreiben um zuvor Gedachtes festzuhalten, dann ist das Denken Voraussetzung des Schreibens. Aber es muss nicht so sein. Manche Gedanken entwickeln sich erst im Schreibprozess – Tagebuchschreiber wissen das. Dann ist das Schreiben Bestandteil des Denkens und nicht nur dessen Produkt. Ähnliches gilt übrigens auch für das Sprechen, wie es der Schriftsteller Heinrich von Kleist in seinem berühmten Aufsatz „Über die allmähliche Verfertigung der Gedanken beim Reden" darstellt (1805). Die Abläufe beim Schreiben sind allerdings noch etwas andere. Unser innerer Dialog findet im Austausch mit bereits Geschriebenem statt. Der Text wird zu „einem Denkmedium, weil Qualität und Inhalt des Gedachten beim Schreiben und in der Zwiesprache mit dem entstehenden Text entwickelt werden". (Molitor-Lübbert 2003: 44) Darum können wir mitunter Probleme tatsächlich besser durchdringen, wenn wir sie schreibend bearbeiten, statt nur über sie nachzudenken.

Ob uns all dieses Wissen beim Schreiben hilft? Oder ergeht es denen, die über das Schreiben nachdenken, wie dem armen Tausendfüßler, der überlegte, wie er eigentlich seine vielen Füße bewegt und daraufhin so durcheinander geriet, dass er gar nicht mehr laufen konnte? Vielleicht hilft ja eine Art Tausendfüßler-Dialektik: Die Schreibforschung lehrt uns, dass wir an einem bestimmten Punkt auch einfach mal drauflos schreiben müssen, unserem Rhythmus, unserer Eingebung folgend – und erst anschließend wieder kritisch über das Geschriebene nachdenken. Das aber unbedingt.

# „Der Text muss erstmal seine Botschaft finden"

## Zwischen Gebrauchstexten und Lesestücken: Vier Interviews mit Journalistinnen und Journalisten zum Schreibprozess

*Christine Schick*

### 1. *Von wunderbaren Reportagen und literarischen Haushaltsplänen*

Ach, diese überschwänglichen Reaktionen, wenn ein Gast auf einer Party erzählt, er sei Journalist. „Toll, da können Sie wunderbare Reportagen schreiben, Ihre Kreativität einbringen, eigene Erlebnisse und Eindrücke schildern – ein Traumjob". Der Beglückwünschte wird höflich lächelnd nicken oder sich zu dem einen oder anderen Widerwort hinreißen lassen. Sich vielleicht aber auch an seine letzte Reportage erinnern, bei der das Schreiben mal wieder richtig Spaß gemacht hat.

Ganz anders kann es einem ergehen, wenn man in seiner Lokalredaktion unvorsichtigerweise das Wort Kreativität fallen lässt. Die Augen der Kollegen wandern zur Decke, man erntet verständnisloses Lachen und bekommt den Hinweis, dass eine Meldung zu einer Straßensperrung oder der Bericht über den Haushaltsplan einer Gemeinde nicht ganz so literarisch daherkommen könne, wie das gemeinhin vermutet werde. Das Schreiben sei nur Mittel zum Zweck. Und überhaupt, die Kreativität solle man sich für den Urlaub aufsparen.

Doch auch wenn im Alltag viele rein informative Texte zu schreiben sind und unter Zeitdruck gearbeitet werden muss, erscheint es sinnvoll, sich mit kreativen Schreibmethoden zu befassen. Das ist zumindest das Ergebnis von Interviews mit vier Journalisten und Journalistinnen zu ihrem Schreiballtag, ihren Problemen, Strategien und ihrem persönliche Werdegang.[1]

## 2. Die Protagonisten

Philipp Maußhardt (46) arbeitet als freier Journalist bei der Agentur „Zeitenspiegel"[2] und schreibt am liebsten subjektive Texte: Glossen, Reportagen und Features. Emotionen sind für ihn ein wichtiger Zugang zu Themen, er nutzt sie bewusst für das Schreiben seiner Texte. Ebenso setzt er das mündliche Erzählen gezielt für das Schreiben ein. Neben der Erfahrung als Lokaljournalist beim „Schwäbischen Tagblatt" in Tübingen und beim „Kölner Stadtanzeiger" kann er auch von der Arbeit beim Münchner Boulevardblatt „Abendzeitung" sowie der „Bunten" berichten.

Auch Gesine Kulcke (33) ist als freie Journalistin bei der Agentur „Zeitenspiegel" beschäftigt und hat sich auf längere Reportagen und Porträts spezialisiert. Eine bildhafte Sprache sowie ein Schreiben, das Emotionen zeigt, sind ihr wichtig. Sie hat sich, nach ihrem Volontariat beim Schleswig-Holsteinischen Zeitungsverlag in Flensburg be-

---

[1] Dieser Text beruht auf meiner Diplomarbeit „Von der Idee zum fertigen Text. Schreibprozesse bei Journalisten und Journalistinnen" im Aufbaustudiengang Medienwissenschaften und Medienpraxis, Tübingen. Zugrunde lag die Frage, wie viel Kreativität im journalistischen Alltag möglich und nötig ist. Die Arbeit hat explorativen Charakter, die Ergebnisse lassen sich nicht verallgemeinern. Sie stellt einen kleinen Schritt in das noch wenig beackerte Feld journalistischer Schreibprozessforschung dar.

[2] Die Agentur „Zeitenspiegel" hat ihren Sitz in Weinstadt, mit Korrespondenten in Hamburg und Havanna, Berlin und New York, Schanghai, Mailand und Brüssel. Dem Netz gehören mehr als zwei Dutzend Fotografen und Autoren an. Zeitenspiegel-Reportagen erscheinen in deutschen und vielen internationalen Magazinen, die Bandbreite reicht von „Stern", „Focus", „Geo" und „Spiegel" über das italienische „ventiquattro", die spanische „El Mundo" bis zum „New York Times Magazine".

wusst für einen Arbeitsalltag jenseits des Tagesjournalismus entschieden.

Jürgen Brand (41) ist seit elf Jahren fest angestellter Redakteur in der Lokalredaktion der „Stuttgarter Zeitung" und findet das Schreiben kompakter nachrichtlicher Texte schwieriger und anspruchsvoller als beispielsweise das von Reportagen. Er kann auf eine lange Berufserfahrung bei verschiedenen Blättern zurückblicken. Für eine explizite Ideenentwicklung und Kreativität sieht er in seinem Alltag keinen Freiraum. Schreiben ist für ihn etwas, das funktionieren muss. Der vorgegebene Aufbau von Nachrichten biete einen „Sicherheitsstandard", mit dem das Arbeiten immer – und vor allem schnell – bewältigt werden kann.

Angelika Bachmann (34) arbeitet seit sechs Jahren als fest angestellte Redakteurin beim „Schwäbischen Tagblatt" in Tübingen. Das Schreiben verläuft für sie je nach Textsorte unterschiedlich: Das Schreiben von Reportagen, Feature und insbesondere Porträts hält sie für wenig planbar und komplex, aber es macht ihr mehr Spaß als das Verfassen rein nachrichtlicher Texte. Das mündliche Erzählen ist für sie ein Weg, den Zugang zum Text und einen Schwerpunkt zu finden.

## 3. *Unterschiede zwischen dem Schreiben von Nachrichten und erzählerischen Formen*

Wenn die Lokalredakteure Angelika Bachmann und Jürgen Brand nachrichtliche Texte planen und schreiben, gehen sie schnell und pragmatisch vor. Es sollen Gebrauchstexte entstehen, deren Wert nicht in der sprachlichen Eleganz und dem Lesegenuss liegt. Die Leser sollen alltägliche Geschehnisse besser einordnen können. Das Verfallsdatum ist schnell erreicht. „Bei nachrichtlichen Texten geht es um die Auswahl bestimmter Informationen, die man hintereinander präsentiert. Da investiere ich nicht so viel in die Übergänge oder den Textverlauf", sagt Angelika Bachmann.

Anders sieht es bei Reportagen, Porträts, Glossen und Features aus. Am Anfang des Schreibens steht die Aufgabe, eine ungefähre Idee, einen roten Faden für den Text zu entwickeln. Und das kann aufwendig und mühsam sein. „Ich muss den Anfang der Geschichte finden, eine Einstiegsidee, aus der klar wird, welche Personen ich brauche, und wie der Bogen für die Geschichte aussieht", erklärt die Reporterin Gesine Kulcke. Für Angelika Bachmann ist es manchmal notwendig, erst einmal drauflos zu schreiben: „Bei meinem letzten Porträt war es so, dass ich beim Schreiben zur Geschichte gefunden habe. Man denkt beim Schreiben weiter darüber nach", sagt sie. „Vielleicht kann man auch sagen, der Text muss erstmal seine Botschaft finden".

In der Regel erfordern Nachrichten stärker ein Schreiben in abstrakten Begriffen; Bilder und Handlungen spielen eine geringere Rolle. Bei Porträts und Reportagen ist das anders: „Ein erzählerisches Schreiben bedeutet, mit Bildern und Metaphern zu arbeiten, Personen und ihre Aufgaben zu beschreiben – aber auch Fakten zu vermitteln", sagt Gesine Kulcke. Dabei kann es ihr passieren, dass sie sich von mancher schön beschriebenen Beobachtung wieder trennen muss, weil sie nicht zum Verlauf der Geschichte passt.

Philipp Maußhardt hat bei Boulevardblättern gelernt, Texte auf ein Minimum einzudampfen und komplexe Zusammenhänge zu pointieren: „Man muss Dinge extrem verkürzen, ohne die Fakten zu verstellen. Und in sechs Sätzen eine Geschichte erzählen, wenn das überhaupt möglich ist." Zur Verknüpfung begrifflicher und bildlicher Elemente kommt hier noch die Komprimierung, was das Schreiben erschweren kann.

Glossen sind für Maußhardt das Gegenstück zur Nachricht, weil in ihnen vor allem mit Bildern, Metaphern und witzigen Formulierungen gearbeitet wird. Ihm – der Übung und Erfahrung besitzt – scheint dieses Arbeiten leichter von der Hand zu gehen, weil weniger harte Fakten integriert werden müssen.

## 4. Schreibstrategien für Reportagen, Porträts und Features

Die Befragten haben ganz individuelle Lösungen für ihre Arbeit gefunden. Trotzdem lassen sich auch gemeinsame Strategien finden. Für alle Journalistinnen und Journalisten ist es wichtig, eine gewisse Ruhephase für die Planung des Textes zu haben, um nach der Recherche das Knäuel an Informationen und Eindrücken gedanklich sortieren zu können und eine Einstiegsidee zu finden. Diese lässt sich nicht erzwingen, sondern taucht oft auf, wenn die Schreibenden mit etwas anderem beschäftigt sind und nicht bewusst über die Geschichte nachdenken. „Manchmal fällt mir der Anfang auf der Toilette ein oder wenn ich in der S-Bahn unterwegs bin", sagt Gesine Kulcke. Jürgen Brand berichtet: „Wenn ich vom Termin komme, fahr' ich eine halbe Stunde und überlege meist im Auto, wie ich den Text aufbauen möchte."

Bei der manchmal mühsamen Suche nach der Ausrichtung und dem Einstieg der Geschichte greifen die Journalistinnen und Journalisten auf bestimmte Schemata zurück, die auch beim kreativen Schreiben eine Rolle spielen. Details, szenische Beobachtungen, aber auch die harten Fakten werden im Sinne der Dramaturgie, also eines Erzählbogens, ausgewählt. Nach einem der klassischen Modelle des kreativen Schreibens hat die Hauptperson eine sogenannte „Heldenreise" zu bestehen: Sie bricht aus der alten, bekannten Welt auf, um in eine andere zu gelangen. Diese Odyssee ist mit einer Wandlung der Person verbunden, an deren Ende der Beginn eines neuen Lebens steht. Das Porträt eines Transsexuellen von Gesine Kulcke erinnert an ein solches Schema. Die Hauptfigur verabschiedet sich von ihrem Leben als Mann, um ein neues Leben als Frau zu beginnen, was mit großen Schwierigkeiten verbunden ist, die bis zu einem Selbstmordversuch führen. Auch in einer Reportage von Philipp Maußhardt geht es um Figuren, die zwischen zwei Welten stehen: Eine Fußballmannschaft, deren Mitglieder Gefängnisinsassen sind. „Da muss ich mir dann überlegen, welche sind die besonderen Figuren. Wer kommt vor, wer nicht", sagt Maußhardt.

Drei der Befragten nutzen das mündliche Erzählen, um ihre Porträts und Reportagen zu entwickeln und einen inhaltlichen Schwerpunkt zu finden. „Die Geschichte, die ich schreiben will, ist von mir vorher bestimmt schon fünf bis zehn Mal erzählt worden", schätzt Maußhardt. Dabei entstehen verschiedene Versionen und Schwerpunkte. Der Journalist holt sich im Gespräch Anregungen von seinen Zuhörern, wird durch Rückfragen darauf aufmerksam gemacht, was besonders interessiert oder unklar geblieben ist. Hier nimmt der kreative Prozess – wenn man so will – kollektive Züge an. Wenn Gesine Kulcke genügend Zeit hat, spricht sie ihre Texte auf Band. „Manchmal habe ich danach wirklich alles wieder zusammengestrichen. Da sind mir Sachen aufgefallen, die ich beim stillen Lesen nie bemerkt hätte", sagt sie.

Auch beim kreativen Schreiben gilt das mündliche Erzählen als wichtige Methode. Es dient dazu, einen eigenen, lebendigen Stil zu finden. Genauso kann es helfen, aus vielen Informationen die interessanten und wesentlichen herauszufiltern.

Eine weitere Möglichkeit, sich eine bestimmte Sicht auf das Thema der Reportage oder den Schwerpunkt eines Porträts zu erarbeiten, ist das genaue Beobachten der eigenen Gefühle. Das kann ganz schlicht dazu anregen, mehr aus einer Geschichte zu machen: Angelika Bachmann erinnert sich an einen Siebenschläfer, der sich im Haus einer Familie eingenistet hatte. Die Familie versuchte vergeblich ihn zu vertreiben. Der Nager siegte und blieb im Haus. Diese Geschichte hat der Journalistin schon beim Zuhören so viel Freude bereitet, dass sie sich entschloss, statt eines kurzen Berichts ein Feature zu schreiben. Das Echo der Leser gab ihr Recht.

Philipp Maußhardt lässt beim Schreiben das Erlebte noch einmal wie einen Film vor sich ablaufen und ruft sich seine Reaktionen auf die Personen ins Gedächtnis. Gesine Kulcke achtet schon während der Recherche vor allem auf bildliche Eindrücke. „Das sind Augenblicke, in denen ich bewusst nicht nachdenke, mich von Emotionen leiten lasse und sie notiere." Was schwierig sein kann, weil sie als Journalistin auch die harten Fakten im Gespräch erfragen muss.

Doch die Gefühle verweisen auf Szenen und Bilder, die für Porträts und Reportagen so wichtig sind.

## 5. Der Schreibprozess

Konzeptfindung, Themenstrukturierung und Planung sind das eine, der konkrete Schreibprozess etwas anderes. Während die beiden Männer versuchen, ihr Schreiben möglichst nicht zu unterbrechen, halten die beiden Journalistinnen beim Schreiben immer wieder inne, um aus der Distanz heraus den Text zu beurteilen und entsprechend verändern zu können. Manchmal überdenken sie auch das Gesamtkonzept noch einmal, weil eine neue Idee aufgetaucht ist. „Der Text verändert sich, während ich ihn aufbaue", stellt Angelika Bachmann fest. Gesine Kulcke sagt: „Wenn ich angefangen habe, lese ich den Anfang und merke, da steckt zwar die Idee schon drin, aber es ist noch nicht sportlich genug geschrieben und dann feile ich da weiter dran." Dabei geht es den beiden Journalistinnen vor allem darum, immer wieder die Leserperspektive einzunehmen, um ihren Text mit dem Blick von außen einschätzen zu können. Trotzdem achtet Gesine Kulcke darauf, dass das Lesen und Redigieren des Textes nicht überhand nimmt. „Manchmal entsteht da ein innerer Dialog und ich pfeif' mich dann zurück und sage mir, das kannst du später noch machen, jetzt schreib erst mal weiter."

Philipp Maußhardt und Jürgen Brand dagegen setzen alles daran, ihre Beiträge in einem Rutsch herunter zu schreiben, ohne Unterbrechung und ohne das Geschriebene zwischendurch zu lesen. Anders als die beiden Frauen trennen sie die Kritikphase klar vom Schreibprozess. Philipp Maußhardt hat sich sogar angewöhnt, die Fakten und wichtigen Daten für Reportagen vorher auf einem Extrablatt zusammenzustellen, damit er beim Schreiben so wenig wie möglich durch Suchen oder Nachschauen abgelenkt wird. Beim Schreiben versucht er emotional bewegende Bilder, Szenen und Erlebnisse möglichst authentisch wieder zu beleben: „Ich kann mich an Situationen erinnern, wo ich selber beim Schreiben weinen muss, oder ich lach' auch über meine Texte, was ja peinlich genug ist." Er hat in diesen Momenten keine Distanz zum Text, sondern erlebt die Situationen der Recherche noch einmal, was ihm beim Schreiben hilft.

## *6. Zum Stellenwert kreativer Methoden und Zugänge*

Die beiden freien Journalisten bevorzugen erzählerische Textsorten wie Porträt, Feature und Reportage und schreiben somit auch anders. Philipp Maußhardt formuliert gerne drauflos, dafür eignet sich seiner Ansicht nach die Glosse besonders gut. Bei Reportagen und Features plant er mehr, kann aber genauso seine emotionalen, subjektiven Eindrücke unterbringen. Gesine Kulcke plant ihre Stücke vom Einstieg her und schreibt sehr kontrolliert. An nachrichtlichen Texten sind beide nicht interessiert und haben sich die entsprechenden Arbeitsbedingungen geschaffen.

Die zwei fest angestellten Redakteure schreiben alle Arten journalistischer Texte. Angelika Bachmann bevorzugt das Porträt, für Jürgen Brand ist die kompakt geschriebene Nachricht eher eine Herausforderung. Angelika Bachmann schildert den Schreibprozess für das Porträt als wenig planbar und komplex. Jürgen Brand sagt, dass Textform, Planung und Vorgaben der Redaktion seinen Spielraum einschränken. Angelika Bachmann scheint von solchen Vorgaben freier zu sein.

Wer Reportagen, Porträts und Features schreibt, braucht dafür entsprechende Rahmenbedingungen: Ein Feature oder Porträt kosten mehr Zeit und sind nicht in 40 Zeilen zu pressen. Es müssen Einfälle gesammelt und ein roter Faden gefunden werden, die eigene Person ist stärker involviert als bei nachrichtlichen Texten. Das Ausmalen von Bildern, die Beschreibung von Szenen und das Finden von geeigneten Metaphern und Vergleichen sind mühevoll. Doch wer es versucht, hat ein wichtiges Argument auf seiner Seite: Die Leser.

Der Lyriker Durs Grünbein kritisiert, dass „begriffslastige Texte nicht immer mehr Wissen enthalten. Über Jahrhunderte wurde Wissen durch Geschichten-Erzählen, Gleichnisse, Anekdoten tradiert, heute leidet das Denken an akutem Bildermangel."[3] Eine gut geschriebene Reportage hinterlässt einen tieferen Eindruck als eine Nachricht. Also sollten Journalisten vielleicht nicht gleich die Augen zur Decke rollen, wenn von kreativen Methoden die Rede ist. Vielleicht ist im Alltag ja doch ein wenig Zeit, die Geschichte der Kollegin oder dem Kollegen zu erzählen, Pausen oder stille Tätigkeiten für den inneren Plan des Artikels zu nutzen oder durch Drauflosschreiben den roten Faden zu finden.

---

[3] Schauder des Schaffens. In: Der Spiegel 51/2000.

# III Übungen

# Clustering

*Ziel*

Diese Übung kann das Schreiben erleichtern. Sie fördert die Kreativität und hilft, einen roten Faden für Geschichten zu finden. Gleichzeitig lernen die Übenden durch sie typische Phasen des Schreibprozesses kennen.

Texte, die bei dieser Übung entstehen, wirken oft besonders bildhaft, emotional und ganzheitlich. Die Sprache bekommt Rhythmus.

Entwickelt wurde das Verfahren von der Amerikanerin Gabriele Rico, die es in ihrem Buch (Rico 1984) ausführlich beschreibt. Dort finden sich viele Variationen des Clustering, mit deren Hilfe unterschiedliche Stilmittel trainiert werden. Das Buch eignet sich gut zum Selbststudium.

*Übungsverlauf*

Die Teilnehmerinnen und Teilnehmer werden aufgefordert, zu einem Ausgangswort zu assoziieren und diese Assoziationen zu notieren. Das Ausgangswort kann entweder die Übungsleiterin für alle vorgeben oder die Teilnehmer suchen sich jeweils ein eigenes aus. Sie schreiben dieses Wort in die Mitte eines großen weißen Blattes und zeichnen einen Kreis darum. Alle Einfälle, die nun kommen, gruppieren sie um dieses Ausgangswort herum und kreisen sie ebenfalls ein. Es müssen nicht immer einzelne Wörter sein – auch ein Sprichwort, ein Liedtext oder eine kleine Zeichnung sind möglich. Einfälle, die zusammen gehören könnten, werden durch Striche verbunden.

Sehr wichtig ist bei dieser Übung, dass die Teilnehmer alle Einfälle zulassen, also auch die scheinbar unpassenden oder dummen. Eine Zensur findet nicht statt, das kritische Vermögen wird für kurze Zeit ausgeschaltet. Das klingt einfacher als es ist. Manchmal hilft es, wenn die Teilnehmer sich vorstellen, sie seien wieder Kinder, die ohne Rücksicht auf Vernunft und Logik die Phantasie blühen lassen. Eine eher träumerische Stimmung sollte sich einstellen, ein entspanntes Sich-Treiben-Lassen.

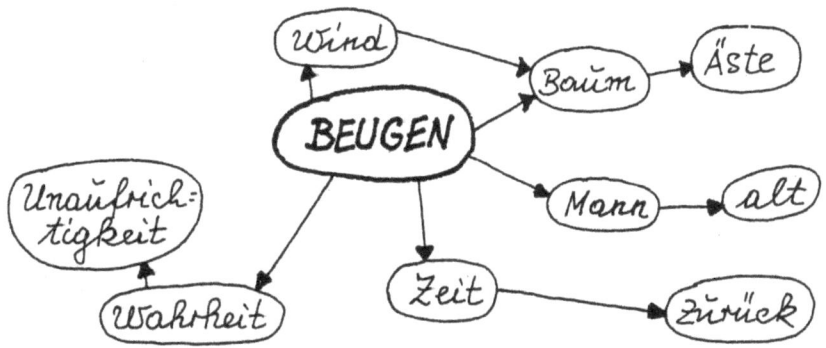

Abbildung aus Rico 2001: 39

Nach etwa drei bis fünf Minuten freien Assoziierens hat sich bei vielen Teilnehmern schon die Idee für eine Geschichte eingestellt. Denn das Gehirn sucht und findet in den Notizen des Clusters eine Bedeutung oder einen Zusammenhang – ohne dass die Teilnehmer sich darum besonders bemühen müssen. Vielleicht hilft ein Vergleich: Wenn man an einem schönen Sommertag entspannt auf einer Wiese liegt, entdeckt man mitunter in den Wolken auch einen Elefanten oder ein Gesicht.

Nun schreiben alle Teilnehmer etwa acht Minuten lang eine kleine Geschichte. Das Cluster nutzen sie dabei wie einen Steinbruch. Diejenigen, die noch keine Schreibidee haben, beginnen einfach mit irgendeinem Wort oder Satz aus dem Cluster und vertrauen darauf, dass ihr Gehirn einen Sinn findet. Es müssen nicht alle Wörter oder Assoziationen aus dem Cluster in der Geschichte vorkommen. Wenn möglich, sollten die Schreibenden am Ende einen kleinen Bogen zum

Anfang ihrer Geschichte finden. Oft ergibt er sich von selbst. Anschließend können sie den Text überarbeiten.

## *Zu beachten*

Diese Übung ähnelt dem noch bekannteren Mind Mapping. Tatsächlich wurde dieses zur etwa gleichen Zeit entwickelt wie das Clustering. Es beruht auf ähnlichen Einsichten über den Schreibprozess. Allerdings ist es zielgerichteter als das Clustering, die Phantasie hat nicht so viel Raum. Auf diesen Unterschied sollte man Teilnehmer hinweisen, die das Mind Mapping bereits kennen, damit sie sich wirklich treiben lassen.

Wenn die Teilnehmer die Übung zu ersten Mal machen, klappt es meist besser, wenn sie einen fiktiven Text schreiben statt eines journalistischen Artikels. Gut geeignet als Ausgangswörter sind emotional besetzte Ausdrücke wie „ängstlich". Aber auch ein Tiername kann inspirierend wirken. Da auf diese Weise oft sehr persönliche Texte entstehen, sollte man vorher festlegen, dass niemand vorlesen muss. Auf ein freiwilliges Vorlesen anschließend sollte man allerdings nicht verzichten, es enthüllt oft ein beeindruckendes Reservoir an Kreativität. Eine Prognose kann man wagen: Viele Geschichten (auch zu selbst gewählten Ausgangswörtern) werden von Kindern und/oder Tieren handeln.

Mit etwas Übung können Journalisten das Clustering verwenden, um Ideen und einen roten Faden für Artikel zu entwickeln. Dann ist eine zeitliche Begrenzung des Clustering nicht nötig. Als tägliche Übung trainiert das Clustering die schreiberische Kreativität.

Man kann in dieser Übung die Schreibspirale Daniel Perrins wieder erkennen (vgl. S. 158): Das Assoziieren hilft, ein Ziel des Textes zu finden (Phase 1), anschließend planen die Teilnehmer, indem sie bestimmte Teile aus dem Cluster auswählen (Phase 2), danach schreiben sie meist sehr zügig den Text (Phase 3) und zum Schluss wird überarbeitet (Phase 4).

Die unterschiedlichen Phasen des Schreibens werden noch deutlicher, wenn man in nicht zu großem zeitlichem Abstand zum Clustering die Übung Free Writing (in diesem Buch die folgende Übung) durchführt. Einige Teilnehmer werden feststellen, dass sie mit dem Free Writing besser zurechtkommen, anderen hilft eher das Clustering.

*Genre*

Für alle journalistischen Textsorten, die Kreativität verlangen, von der Überschrift bis zur Reportage. Aber auch als allgemeines Schreibtraining geeignet.

*Dauer und Material*

Wenn man zusätzlich den Schreibprozess erläutert und Texte vorlesen lässt, sollte man etwa 45 bis 60 Minuten einplanen. Hilfreich sind große DIN-A3 Blätter für das Clustering.

Bei ganztägigen Workshops übe ich das Clustering gerne nach dem Mittagspause: Dann ist die erste Anspannung überwunden und die Teilnehmer habe sich schon ein bisschen kennen gelernt. In der Dösigkeit, die viele nach dem Mittagessen befällt, ist die Aufforderung zu einem eher träumerischen Arbeiten sehr willkommen.

*Friederike Herrmann*

# Free Writing

*Ziel*

Das Free Writing ist eine der wichtigsten Übungen des *Creative Writing*. Es dient dazu, den Schreibfluss in Gang zu bringen. Es kann Kreativität fördern und unbewusste Zusammenhänge ans Tageslicht bringen. Es ist eine sehr nützliche Vorbereitung auf das Schreiben und hilft bei Schreibhemmungen und Schreibblockaden.

*Übungsverlauf*

Die Teilnehmer werden aufgefordert ohne Unterbrechung aufzuschreiben, was ihnen gerade durch den Kopf geht. Sie schreiben fünf oder zehn Minuten lang. Sie sollen die Gedanken nicht zensieren, nicht im Text zurückschauen und nicht korrigieren. Fehler spielen keine Rolle, auf die Qualität des Geschriebenen kommt es nicht an. Ziel ist es allein, in den Schreibfluss zu kommen und darin zu bleiben. Wenn Teilnehmern scheinbar nichts einfällt oder sie die Übung doof finden, schreiben sie eben das auf. Wenn partout nichts kommen will, notieren die Übenden eine Reihe von ‚eeeee' bis die Gedanken wieder verfügbar sind. Wichtig ist, dass der Stift beziehungsweise die Tastatur diese fünf Minuten lang nicht ruht. Der Text muss nicht abgegeben oder vorgelesen werden. Die Texte, die bei dieser Übung entstehen, sind selten gut, das aber ist auch nicht das Ziel.

*Variante:* Die Teilnehmer können auch gezielt zu einem Thema assoziieren, über das sie journalistisch schreiben wollen. Beim Free Writing können neue Zusammenhänge und Ideen für den Beitrag auftauchen. Oder es werden unbewusste Inhalte abgelegt, die sonst bei der Arbeit an dem Artikel stören würden.

*Zu beachten*

Man sollte diese Übung nicht überdehnen, fünf Minuten sind in der Regel genug.

Autoren, die dies eine Zeitlang täglich üben, werden sich auch bei anderen Texten leichter tun, einfach mal drauflos zu schreiben. Die Sprache wird reicher und vielfältiger.

Vergleicht man diese Übung mit der Schreibspirale Daniel Perrins (siehe das vorstehende Clustering) so durchlaufen die Teilnehmer beim Free Writing nur die Phasen eins und drei der Schreibspirale: Sie finden ein Ziel und ziehen den Schreibfluss durch. Das kritische Vermögen, das man für das Schreiben sinnvoller Texte auch braucht, spielt keine hier Rolle. Im Unterschied zum Clustering trainiert diese Übung allein das assoziative Arbeiten, also Fähigkeiten, die Rico der rechten Hirnhälfte zuschreibt. Für viele Autoren ist es allerdings sehr hilfreich, beim Schreiben einmal das Loslassen zu üben.

*Genre*

Nicht für bestimmte Textsorten gedacht. Nutzbar eher in der Art eines Brainstorming und um die Schreibkraft zu stärken.

*Dauer*

Zehn Minuten

*Friederike Herrmann*

# Texteinstiege: Das Dornröschen-Projekt

*Ziel*

In Lehrbüchern werden typische Formen des Texteinstiegs für verschiedene journalistische Darstellungsformen beschrieben. Sie zu erproben und sie sich praktisch anzueignen ist das Hauptziel dieser Übung. Die Teilnehmer lernen dabei einen Katalog von Möglichkeiten kennen, die man systematisch durchprobieren kann, wenn man Schwierigkeiten mit der Texteröffnung hat. Gleichzeitig sehen sie durch das Nebeneinander der unterschiedlichen Varianten, welche Konsequenzen der Texteinstieg für die Schwerpunktsetzung und den Stil eines Textes haben kann.

*Übungsverlauf*

Die Übung gliedert sich in drei Phasen. In Phase 1 stellt der Übungsleiter die unterschiedlichen Typen des Texteinstiegs vor und veranschaulicht sie an Beispielen. In Phase 2 schreiben die Teilnehmer Texteinstiege, in denen die unterschiedlichen Typen realisiert werden. In Phase 3 werden die produzierten Texteinstiege vorgestellt und besprochen.

Phase 1: Typen des Texteinstiegs

Welche Typen des Texteinstiegs zu unterscheiden sind, wird in journalistischen Praxisbüchern unterschiedlich gesehen (vgl. Häusermann 2005, Meyer 2001, Weischenberg 2001).

Als sinnvoll erwiesen hat sich die folgende Untergliederung in vier Gruppen:

In der Gruppe der *Fakteneinstiege* dominiert zunächst die *Normalform*, in der Sätze mit unmarkierter Thema-Rhema-Struktur die wichtigsten W-Fragen beantworten. Daneben gibt es *Einstiege mit Inversion* und *Einstiege mit einer „bei"-Angabe*.

In der Gruppe der *komprimierten Texteinstiege* beginnt man den Text mit dem *Informationskern* und liefert Details und Ergänzungen erst nach. Eine Variante bildet der *Schlagzeilen-Einstieg*.

Eine dritte Gruppe kann unter dem Oberbegriff des *hinführenden Einstiegs* zusammengefasst werden. Typische Varianten sind hier der *Frage-Einstieg*, der *blinde Einstieg* und der *Einstieg mit Anlauf*.

Besonders wichtig beim Bemühen um attraktive Texte sind die verschiedenen Varianten des *szenischen Einstiegs*: der *Zitat-Einstieg*, der *fotografische Einstieg* und der *filmische Einstieg*.

Der Übungsleiter muss diese Typen in der ersten Phase der Übung vorstellen und erläutern. Textbeispiele finden sich in den Lehrbüchern (und in der täglichen Zeitung). Die wichtigsten Regeln und typische Beispiele sollten in schriftlicher Form festgehalten werden, damit die Teilnehmer in der zweiten Phase darauf zurückgreifen können.

Wenn mehr Zeit für die Übung verfügbar ist, kann man zur Vertiefung auch eine Analyse-Phase einschieben, in der die Teilnehmer die verschiedenen Typen in einem gegebenen Artikelkorpus wieder finden bzw. die Texteinstiege von vorgegebenen Artikeln den verschiedenen Typen zuordnen sollen.

Phase 2: Textproduktion

Als thematische Vorlage für die Texte, deren Einstieg geschrieben werden soll, dient das Dornröschen-Märchen der Brüder Grimm.

Um die Transformation des Märchenstoffs in einen journalistischen Text zu erleichtern, bekommen die Teilnehmer eine „Polizeimeldung" als Aufhänger (der umständlich-bürokratische Sprachstil ist Absicht, damit auch die einfachen Fakteneinstiege neu geschrieben werden müssen).

> Polizeimeldung
>
> > Im Zuge einer von Prinz Detlef geleiteten Erkundungsexpedition in dem verwunschenen und vollkommen zugewachsenen Schaumburger Schloss wurde am Sonntag von besagtem Prinz eine schlafende Prinzessin aufgefunden und durch Verabreichung eines Kusses aufgeweckt. Bei der Prinzessin handelt es sich um die 18-jährige Rosa von Schaumburg, die Gerüchten zufolge vor genau einhundert Jahren in Schlaf gefallen sein soll. Der Prinz war sehr angetan von seiner Entdeckung und plant eine baldige Heirat.

Jeder Teilnehmer bekommt zwei oder drei der Texteinstiegstypen zugewiesen und soll nun die Textanfänge für einen Dornröschen-Artikel realisieren. In der Regel reichen zwei bis drei Sätze; bei den komplexeren Typen kann es auch etwas mehr sein.

Wenn weniger bzw. mehr Zeit vorhanden ist, kann jeder Teilnehmer auch nur einen oder aber alle Typen zugewiesen bekommen.

Phase 3: Textbesprechung

Als Einstieg in die Textbesprechung empfiehlt sich ein ‚Ratespiel': Der Text, der besprochen werden soll, muss von der Gruppe dem richtigen Typ zugeordnet werden.

Beispiele

> Fakteneinstieg – Normalform
>
> > Im Schaumburger Schloss ist am Sonntag eine schlafende Prinzessin durch den Kuss eines Prinzen aus ihrem hundertjährigen Schlaf geweckt worden.

Fakteneinstieg – Inversion

Mit einem Kuss hat Prinz Detlef am Sonntag im Schaumburger Schloss eine schlafende Prinzessin aus ihrem hundertjährigen Schlaf geweckt.

Komprimierter Einstieg – Schlagzeile

Kuss weckt Prinzessin: Prinz Detlef hat am Sonntag im Schaumburger Schloss eine schlafende Prinzessin gefunden und mit einem Kuss aus ihrem hundertjährigen Schlaf geweckt.

Hinführender Einstieg – Frage

Was soll man nur tun, wenn man eine Prinzessin findet, die seit hundert Jahren schläft? Kein Problem für Prinz Detlef: Er tat, was er in solchen Fällen immer tat – er küsste das schlafende Mädchen.

Szenischer Einstieg – Zitat

„Wahnsinn, der pure Wahnsinn!" Auch einen Tag, nachdem er das schlafende Dornröschen durch einen Kuss geweckt hat, kann Prinz Detlef immer noch nicht fassen, was er getan hat. „Sie lag da und sah so schön aus, da konnte ich einfach nicht anders – ich musste sie küssen."

Szenischer Einstieg – Film

Mit leisem Knarren öffnet sich die Tür. Der Raum liegt im Dunkeln, man kann kaum etwas erkennen. Vorsichtig bleibt Prinz Detlef an der Tür stehen. Quälend langsam gewöhnen sich seine Augen an das Dämmerlicht. Ein Bett ist das erste, das er erkennen kann. Und auf dem Bett ...

Gegenstand der Besprechung ist primär die Frage, inwieweit die vorgegebenen Typen korrekt umgesetzt wurden. Dabei werden die Charakteristika der verschiedenen Typen noch einmal deutlich. Gleichzeitig ist die Besprechung aber auch Anlass, das vorgegebene „System" der Einstiegstypen zur Diskussion zu stellen und zu erweitern oder zu differenzieren. Die Frage, wie die angefangenen Texte fortgesetzt werden könnten, kann darüber hinaus Einstieg in eine Textsortendiskussion sein.

## *Alternative*

Statt mit dem Dornröschenstoff kann die gleiche Übung auch mit Texten zu einem anderen Thema durchgeführt werden. Anstelle der fiktiven Polizeimeldung kann beispielsweise ‚Recherchematerial' zu einem beliebigen Thema bereitgestellt werden (ein Hintergrundtext oder – besonders gut geeignet – ein Interview). Mit welchem Material man arbeitet, hängt von der Gruppe ab.

Der Dornröschenstoff hat den Vorteil, dass die Teilnehmer in der Regel schnell mit der Textproduktion beginnen können, weil ihnen die Geschichte bekannt ist. Außerdem macht die Umsetzung des Märchenstoffs in die journalistische Stilebene den meisten Gruppen Spaß und betont den Spielcharakter. Nachteil ist allerdings, dass eben dieser Wechsel der Kommunikationsform für manche Schreiber eine besondere Schwierigkeit bildet.

## *Genre*

Die Typen des Texteinstiegs, die in der Literatur vorgestellt werden, beziehen sich auf das übliche Spektrum journalistischer Textgestaltung in der Zeitung. Will man die Übung auf andere Kommunikationsbereiche oder Medien übertragen, muss man das Repertoire der Einstiegstypen entsprechend modifizieren.

## *Dauer und Material*

In der Normalform braucht man für die Übung etwa 90 Minuten: jeweils 30 Minuten für jede Phase. Man kann die drei Phasen auch voneinander trennen, aber gerade in der kompakten Durchführung liegt ein Teil ihres Reizes.

Mehr Zeit wird benötigt, wenn man die Vorstellung der Einstiegstypen durch zusätzliche Übungen erweitert, wenn man jeden Teilnehmer alle Typen durchprobieren lässt oder wenn man die Besprechung durch Gruppenphasen vertieft.

Besonderes Material ist für die Übung nicht nötig. Bewährt hat sich aber (vor allem, wenn die komplette Übung kompakt am Stück realisiert werden soll) die Ausgabe von Informationsblättern, auf denen die Einstiegstypen mit ihren wichtigsten Merkmalen und mit Beispielen zusammengestellt sind. Bei größeren Gruppen kann es auch sinnvoll sein, die Zuordnung der Einstiegstypen für die verschiedenen Teilnehmer dadurch zu vereinfachen, dass man differenzierte Aufgabenblätter verteilt, auf denen jeweils schon steht, welche Typen der Teilnehmer realisieren soll. Außerdem ist es hilfreich, wenn die produzierten Textanfänge nicht nur mündlich vorgelesen werden sondern den Teilnehmern vorliegen.

*Thomas Schröder*

# Eine Ballade als Nachrichtenquelle

*Ziel*

Aus einem genrefremden Text, etwa einer Ballade oder einem Gedicht, entsteht ein Nachrichtentext. Denn Nachrichten können in ganz unterschiedlicher Gestalt daherkommen. Seien es Interview-, Feature oder Reportage-Texte: Sie alle enthalten in der Regel dem Leser bislang nicht bekannte Nachrichten. Selbst Gedichte oder Balladen können so gelesen werden, dass nicht der lyrische Eindruck im Vordergrund steht, sondern die nachrichtliche Qualität des Textes. Diese Übung soll die Fähigkeit trainieren, aus solchen unterschiedlichen Quellen Nachrichtliches zu destillieren – eine Fähigkeit, die in einem auf Pressemitteilungen und Verlautbarungen fixierten Journalismus ansonsten wenig gefördert wird.

Der Vergleich einer Ballade mit dem daraus entstehenden Nachrichtentext fördert zudem das Verständnis für Aufbau und Sprache von Nachrichtentexten. Eine Ballade folgt in ihrem Aufbau ganz anderen Prinzipien als der Nachrichtentext. Bei Letzterem steht – unabhängig von Chronologie und Spannungsbogen – die wichtigste Nachricht an erster Stelle. Die weiteren Informationen folgen in der Rangfolge ihrer Bedeutung. Zudem müssen bei dieser Übung die Informationen aus der subjektiv gefärbten und bildreichen Sprache der Lyrik in eine sachliche Nachrichtensprache umgesetzt werden.

*Übungsverlauf*

Ein guter Übungstext ist die Ballade „Die Brück' am Tay" von Theodor Fontane. Nach der Lektüre werden entweder alleine oder in Gruppenarbeit die Fakten herausgearbeitet, die der Text enthält. (Bei Fontanes Text: Am 28. Dezember 1879 brach die Eisenbahnbrücke über den Fluß Tay zusammen. Der von Edinburgh kommende Zug wurde dabei in den Abgrund gerissen.) Als Leitfaden dienen die W-Fragen.

Dabei werden Fragen aufkommen, welche die Ballade nicht beantwortet. Diese Fragen werden auf einem ‚Recherchezettel' festgehalten.

Welche Passagen in dem Text sind eher spekulativ und müssen durch Recherchen verifiziert werden? (Zum Beispiel: Was war die Ursache des Unglücks? Der starke Sturm? Baufehler an der Brücke? Ein terroristischer Anschlag?)

Die Übungsteilnehmer verfassen auf Grundlage der gesicherten Informationen einen nachrichtlichen Text.

*Variante 1:* Der Übungsleiter steht in verschiedenen Rollen als Informant zur Verfügung, um offene Fragen zu beantworten. (Im Falle des Fontane-Gedichts zum Beispiel: Wie viele Personen kamen bei dem Unglück ums Leben? Wann wurde die Brücke gebaut?)

*Variante 2:* Die Übungsteilnehmer ergänzen selbst die Informationen, müssen dies aber über ein fiktives ‚Recherche-Protokoll' nachvollziehbar machen.

## *Genre*

Konzipiert wurde die Übung für Nachrichtentexte.

## *Dauer und Material*

Für die Übung inklusive der Recherche-Variante sollten etwa zweieinhalb Stunden eingeplant werden. Material: Kopien des Übungstextes.

*Angelika Bachmann*

# Bücken nach Geschichte(n)

## *Ziel*

Die Aussage, dass Themen auf der Straße liegen, soll ernst genommen werden. Darum vermittelt diese Übung, wie man sich nach ihnen bückt. Dabei lassen sich Geschichte(n) finden, die nicht in Pressemitteilungen verbreitet werden oder im Kalender stehen.

Die Anregung für diese Übung gab das „Musée Sentimal de Cologne" (1979), ein publikumswirksamer (und andernorts vielfach kopierter) Streifzug durch die Stadtgeschichte Kölns. Eine Ausstellung, die Banales neben Bedeutungsvolles stellte und mit ihrer Präsentation – bei allem gelegentlichen Unernst – den Anspruch erfüllte, historische Zusammenhänge anschaulich zu vermitteln. Auch im Trivialen und Alltäglichen finden sich Zugänge zum geschichtlich gewachsenen Umfeld.

## *Übungsverlauf*

Sie gehen mit den Teilnehmern in die Stadt, sagen wir mal: Isingen. Ideal wäre zunächst ein Rundgang mit einem professionellen Stadtführer. Denn das stimmt besser auf Isingen ein als Stadtprospekte. Aber es muss nicht sein. Hauptsache, Sie gehen zu Fuß und haben Zeit sich umzusehen.

An einem zuvor ausgewählten Ort bitten Sie die Teilnehmer, die Blicke langsam von den Häusern nach unten zu richten, auf den Boden und dort zu verweilen. Alle sollen schauen, was so alles herumliegt. Nicht nur für ein paar Sekunden, sondern mindestens zwei, drei Minuten lang. Dann soll jeder irgendetwas Handliches (!) vom Boden aufheben und mitnehmen. Die Aufforderung dazu muss ein bisschen geheimnisvoll klingen. Niemand weiß, warum er das tut, aber alle sollen davon ausgehen können, dass es wichtig ist. Jedem sollte klar sein, dass er frei auswählen kann unter den kuriosen oder belanglosen, gebräuchlichen oder abwegigen, gewöhnlichen oder außergewöhnlichen, gebrauchsfähigen oder ausgebrauchten Dingen. Dann geht der Stadtspaziergang weiter, ohne dass der Sinn der Übung erklärt wird.

Hinterher machen die Teilnehmer mit ihren Mitbringseln im Seminarraum eine kleine Ad-hoc-Ausstellung. Jeder legt seinen Gegenstand auf ein weißes Blatt Papier. Sie als Seminarleiter machen darauf aufmerksam, dass diese Dinge nicht zufällig an den Ort gekommen sind, an dem sie lagen. Daran kann sich ein Rundgespräch anschließen, mit Spekulationen darüber, unter welchen Umständen die Gegenstände dorthin gekommen sein könnten. Und ob dieses Ensemble, so wie es ausgebreitet ist, etwas Typisches hat für Isingen. Es ist nichts dagegen einzuwenden, wenn dieses Gespräch absurde Züge bekommt.

Die nächste Arbeitsphase verbringen die Teilnehmer in Kleingruppen. Jede Gruppe entscheidet sich für einen der Gegenstände, die ihre Mitglieder mitgebracht haben. Beispielsweise für ein Bonbonpapier, ein Zündblättchen einer Spielzeugpistole, einen Einkaufszettel, eine Zigarettenschachtel, einen Kronkorken, einen Plastikstöpsel. Die Gruppen müssen nun klären, was das mit Isingen zu tun hat und welche Geschichte(n) sich darüber erzählen lassen.

Damit beginnt die Recherche. Zunächst ein Brainstorming, in dem Fragen gefunden werden. Nehmen wir einmal das Zündblättchen als Beispiel: Was ist das? Wo lag es? War es ein Einzelstück? Aus welchem Material ist es? Wozu benutzt man es? Wer benutzt es? Immer? Wo kriegt man es? Was kostet es? Kann es jeder kriegen? Und so weiter. Dann schwärmen die Gruppenteilnehmer aus und befragen mit dem Gegenstand beliebige Isinger. Wichtig ist es, immer auch auf lokale Besonderheiten zu achten. Also keine Antworten zu akzeptieren wie: Man kriegt die Zündblättchen im Geschäft. In solchen Fällen nachhaken: In welchem Geschäft?

Anschließend gehen die Gruppenmitglieder mit einem erweiterten Fragebündel auf ausgewählte Zielgruppen zu. Für das das Zündblättchen-Beispiel hieße das: Potenzielle Benutzer zur Verwendung befragen. Ältere Leute damit konfrontieren: Gab es Zündplattchen schon früher in Isingen? Was war damals anders und was ist heute besser oder schlechter? Kommentare von Lehrern, Eltern, Spielzeugverkäufern einholen: Was sagt der Schützenverein dazu und was die Polizei? Gibt es zufällig Spielforscher im Ort, die dazu etwas wissen? Lokalhistoriker? Welche Haltung hat die örtliche Müllabfuhr? Was können Ökologen beitragen?

*Bitte beachten*

Diese Übung bringt schnell zu Tage, wie sehr Journalisten in Zwänge eingebunden sind, von Anfang an die Verwertung mit bedenken. Gerade die pfeilschnellen Macher und die Kalenderblatt-Redakteure in den Gruppen bedürfen deshalb in der ersten Übungsphase einiger Überzeugungsarbeit, damit sie sich wenigstens einmal spielerisch von ihrem Druck befreien und sich auch scheinbar abwegigen Fragestellungen nicht entziehen.

*Genre*

(Historische) Reportage.

*Dauer*

Nicht für Schnellschüsse geeignet – trotz Zündblättchen.

*Hans-Joachim Lang*

# Reihum erzählen

## *Ziel*

Mit dieser Übung trainieren die Seminar-TeilnehmerInnen redundantes Formulieren in einfachen Portionen. Da es sich um eine mündliche Übung handelt, erkennen sie dabei Zusammenhänge zwischen einfacher geschriebener und gesprochener Sprache. Sie erfahren auch, dass diese Art redundantes Erzählen das freie Formulieren erleichtert.

## *Übungsverlauf*

Teilnehmerzahl: beliebig. Als Grundlage dient eine einfache Geschichte, die alle gelesen haben. Sie kann in schriftlicher Form vorliegen und als „Spickzettel" konsultiert werden.

Die Geschichte wird reihum nacherzählt. Jeder bildet einen Satz, der an denjenigen des Vorredners/der Vorrednerin anschließt. Bedingung: Dieser Satz enthält ein Wort aus dem vorangegangenen Satz. Jeder Satz enthält nicht mehr als acht Wörter.

## *Bitte beachten*

Im Lauf des Spiels muss oft eine *Zusatzregel* aufgestellt werden: Man darf nicht das Wort wiederholen, das schon der Vorredner wiederholt hat.

Wenn die TeilnehmerInnen auf die Idee kommen, Artikel, Partikel usw. zu wiederholen, muss als weitere *Zusatzregel* verlangt werden, dass sie sich auf „autosemantische" Wörter (vor allem Verben, Substantive, Adjektive) konzentrieren.

*Genre*

Diese Übung eignet sich für alle Textsorten, bei denen Verständlichkeit und die Vermeidung eines papierenen Stils wichtig ist. Die Teilnehmer trainieren ihre Informationen zu portionieren, und Redundanz bewusst zu nutzen. Das ist insbesondere wichtig bei Texten, die für das Hören gedacht sind.

*Dauer und Material*

Circa zehn Minuten. Material: Kleine Geschichten (entweder Softnews oder Texte aus dem aktuellen Material des Kurses). Die Übung kann abgebrochen werden, wenn sie eine Zeit lang leicht gelaufen ist.

*Jürg Häusermann*

(Quelle: Häusermann 2005: 18-20.)

# Wiederbeleben

*Ziel*

Unpersönliche Ausdrücke sollen in konkrete, aktive Sätze umgewandelt werden. Damit bekommen Texte eine attraktivere Form. Der Fokus richtet sich stärker auf die beteiligten Menschen. In dieser Übung werden entsprechende Ausdrücke gesucht und neu formuliert.

*Übungsverlauf*

Teilnehmerzahl: beliebig. Die Übung kann mündlich oder schriftlich durchgeführt werden. Die TeilnehmerInnen ‚beleben' einen Text, indem sie da, wo es inhaltlich und stilistisch sinnvoll ist, Komprimierungen Substantivierungen, Partizipkonstruktionen, Infinitivsätze usw. in aktive (Neben-)Sätze verwandeln. Dazu müssen sie bestimmen, was im neuen Satz zum Subjekt wird, auf das sich der zum aktiven Verb umgewandelte Ausdruck bezieht.

Beispiel

„Der starke Rückgang bei den kirchlichen Trauungen und Taufen gegenüber 1960 muss im Zusammenhang mit der starken Abnahme der standesamtlichen Eheschließungen und der Geburtenzahl gesehen werden."

> Die Zahl der kirchlichen Trauungen und Taufen ist seit 1960 stark zurückgegangen. Gleichzeitig hat die Zahl der standesamtlichen Eheschließungen und der Geburten abgenommen.

Andere, radikalere Lösung:

Gegenüber 1960 lassen sich heute viel weniger Paare kirchlich trauen, und viel weniger Kinder werden getauft. Aber es lassen sich auch viel weniger Paare standesamtlich trauen. Und es werden weniger Kinder geboren.

*Bitte beachten*

Diese Übung führt fast immer zu einer Diskussion darüber, ob und wie sehr sich bei diesen stilistischen Operationen der journalistische Standpunkt verändert.

*Genre*

Nachricht, Bericht.

*Dauer und Material*

Zehn Minuten (mündlich) bis 40 Minuten (schriftlich – je nach Gruppengröße).

Material: Nachrichten oder einzelne Sätze (z.B. langatmige Leads). Auch Quellenmaterial von Behörden eignet sich gut. Wenn die Übung mündlich durchgeführt wird, sollte für jede Teilnehmerin/ jeder Teilnehmer ein eigener Satz anfallen.

*Jürg Häusermann*

(Quelle: Häusermann 2005: 20-24.)

# Portionieren

## *Ziel*

Das Aufbrechen langer Sätze hilft, die Gedanken linearer und damit verständlicher anzuordnen. Diese Übung dient dazu, eigene und fremde Sätze zu vereinfachen, aber auch sprachliche Ungereimtheiten zu erkennen.

Wichtig: Es handelt sich um eine Lockerungsübung. Kurze Sätze sind ein wichtiger Zwischenschritt in der Formulierungsarbeit, kein allgemeines Stilideal.

## *Übungsverlauf*

Die TeilnehmerInnen bekommen ein Blatt mit langen Sätzen aus Sachtexten mit der Anweisung, aus jedem Satz wenigstens drei zu machen. Sie erhalten den Hinweis, dass sie die Erkenntnisse aus der Übung „Wiederbeleben" anwenden, also Komprimierungen auflösen sollen.

Wichtiger Hinweis: Der Lösungstext wird in der Regel mit ganz anderen Worten beginnen als der Ursprungstext.

Beispiel

„Die bisherigen Ergebnisse der Hausgartenkompostierung zeigen, dass aufgrund mangelnder Selbsterhitzung des Laubes leider keine für die Abtötung der Puppen (eines Schädlings) erforderlichen Temperaturen erreicht werden."

> Im Hausgartenkompost werden die Puppen nicht abgetötet. Das Laub erhitzt sich dafür nicht genügend. Dies zeigen die bisherigen Versuche.

*Bitte beachten*

Wenn die Übung mündlich durchgeführt wird, kann die erste Teilnehmerin angewiesen werden, ihren Satz in drei Sätze umzuwandeln, die nächste den ihren in vier Sätze usw. – Erlaubt sind dann allerdings auch Lösungen wie: *Es gibt Häuser mit Gärten. Viele haben einen Kompost* usw.

*Genre*

Nachricht, Bericht.

*Dauer und Material*

Zehn (mündlich) bis dreißig Minuten (schriftlich – je nach Gruppengröße).

Material: Nachrichten, Leads, Pressetexte.

*Jürg Häusermann*

(Quelle: Häusermann 2005: 17-18.)

# Imitierendes Schreiben

*Ziel*

Die Teilnehmer eignen sich neue Stilmittel an, indem sie gelungene Texte nachahmen. Sie trainieren beispielsweise den Wechsel zwischen ausführlicher Schilderung und Zusammenfassung, wie er für Reportagen hilfreich ist. Oder sie ahmen einfach einen guten Sprachrhythmus nach. Diese Übung stärkt das schreiberische Selbstbewusstsein, es macht Mut, wenn die eigenen Texte plötzlich fast so gut klingen wie die von Kisch-Preisträgern oder Schriftstellern.

Die Teilnehmer erfahren, wie sehr Sprache, die sie konzentriert aufnehmen, auf den eigenen Stil abfärben kann. Viele haben diese Erfahrung schon einmal gemacht: Sie haben zum Beispiel einen Text gelesen, der im trockenen, komplizierten Juristendeutsch abgefasst ist und anschließend selbst in diesem Stil geschrieben.

Wir lernen als Kinder Sprache durch Imitation und bis zu einem gewissen Grad bleibt uns diese Fähigkeit erhalten. Das können wir uns zu Nutze machen, indem wir vor dem Schreiben besonders gelungene Texte lesen. Durch imitierendes Schreiben erfassen wir deren Stilmittel genauer, als wenn wir sie nur analysieren. Gutes Schreiben basiert immer auch auf aufmerksamem Lesen. In der bildenden Kunst ist es ganz selbstverständlich, dass die Auszubildenden sich Stilmittel durch Imitation aneignen.

*Übungsverlauf*

Die Teilnehmer erhalten einen Absatz aus einem journalistischen oder literarischen Text. Dessen Stilmittel werden zunächst gemeinsam beschrieben und analysiert. Anschließend werden die Teilnehmer aufgefordert, im gleichen Sprachduktus einen Absatz anderen (in der Regel erfundenen) Inhaltes zu verfassen. Je nach Ausgangstext, Lernziel und Fähigkeiten der Teilnehmer können die Vorgaben unterschiedlich detailliert sein: Mal müssen sie nur den Wechsel zwischen Beschreibung und Zitat der Vorlage übernehmen; ein andermal kann es darum gehen, auch jeweils die Wortarten, den Rhythmus und den Satzbau zu imitieren.

Beispiel

> Vorlage: „Mißmutig sitzt Agrafena auf dem Ofen, lässt die Beine baumeln und ruft den Tod. ‚Hol mich endlich!' jammert sie. ‚Warum hast du mich vergessen?' Sie hat genug erlebt: den letzten Zaren, Lenin und die Revolution, Stalin, Breschnew, Perestrojka. Ihr Mann fiel im Bürgerkrieg 1918, und als der zweite Weltkrieg ausbrach, war Agrafena schon Großmutter. Jetzt ist sie 103 Jahre alt. Die Zähne sind ausgefallen, das schwarze Kleid ist viel zu groß geworden für den mageren Körper, und in das Gesicht haben sich die Falten gegraben wie Rinnsale. Mürrisch blick sie in die Stube.
>
> Viel ist passiert, aber verändert hat sich kaum etwas in Osoka, Agrafenas Heimatdorf. Ihre Holzhütte sah schon unter Lenin so aus: zwei Betten, ein Ofen, ein Tisch. Die Küche ein dunkles Kämmerchen voller Blecheimer: für frisches Wasser, für gebrauchtes Wasser, für die Kartoffeln aus dem Keller. Das Wasser kommt aus der Pumpe, das Klo ist auf dem Hof. An der Wand hängt ein hellblaues Radio aus Plastik – es wirkt deplaziert wie ein Melkschemel in einer Raumstation." (Sengling 1998)

In Imitation dieses Reportage-Einstiegs schrieb ein Volontär einer ostdeutschen Lokalzeitung bei einem Workshop folgenden Absatz (es war kurz nach dem Elbehochwasser 2002):

> „Niedergeschlagen steht Walter Alfons vor der Ruine, zieht nervös an einer Zigarette und redet vor sich hin.

‚Alles ist weg', stammelt er, ‚Wie konnte das nur geschehen?' Die letzten Tage waren hart: die plötzliche Hochwasserwarnung, Frau und Kinder holen, Evakuierung, Notlager, Zweifel. Das war vor einer Woche, und als die Flut zurückging, kam Alfons sofort her. Er steht vor einem Trümmerhaufen. Die Lippen zittern ihm, der dunkle Regenmantel bläht sich im leichten Wind, wirkt viel zu groß, und Tränen laufen dem Familienvater über das Gesicht. Fassungslos schaut er auf das zusammengestürzte Einfamilienhaus.

Es ist unbewohnbar, aber einiges erinnert ihn noch an früher, an Zuhause. Im verschlammten Garten liegen einige Sachen herum: zwei Metallschränke, der Ofen, die Waschmaschine. Das Grundstück war Walter Alfons' Lebenswerk: das selbstgebaute Haus, die liebevoll eingerichteten Zimmer, der gepflegte Garten. Die Flut ging nun wieder, doch der Schaden bleibt. Aus den Trümmern ragt ein zerfetzter Sonnenschirm – er weckt Erinnerungen wie einst die jetzt weggeschwemmten Urlaubsfotos."

Anschließend können die Teilnehmer die Fakten einer solchen Schilderung noch in nüchterner Nachrichtensprache wiedergeben. Das schärft den Blick für den Unterschied zwischen Reportage und Berichten.

## *Genre*

Diese Übung eignet sich insbesondere, um Techniken des Reportageschreibens zu trainieren.

## *Dauer und Material*

In der ausgewählten Textpassage sollten die jeweiligen Lernziele besonders gut umgesetzt sein. Sie sollte nicht länger als ein bis zwei

Absätze sein, zumindest wenn die Teilnehmer sie sehr genau imitieren müssen.

*Friederike Herrmann*

# Texte verhunzen

## *Ziel*

Aus einem geflügelten Wort wird ein holpriger Satz, aus einem pointierten Gedicht ein bürokratisch umständlicher Text. Journalisten müssen häufig bürokratische Mitteilungen in verständliches Deutsch bringen. Es schärft den Blick für gute Sprache und für Stilmittel, wenn sie einmal umgekehrt verfahren und Texte gezielt verhunzen. Die Teilnehmer lernen dabei, wie einfach und knapp eine eingängige Sprache ist. Ein einziges Füllwort oder eine Substantivierung macht aus einem geflügelten Wort einen nichts sagenden Satz. Die Übung ist eine willkommene Abwechslung, wenn in Seminaren oder Workshops viel an der Verbesserung von Texten gearbeitet wird.

## *Übungsverlauf*

Die Teilnehmer erhalten bekannte Sprichwörter, geflügelte Worte oder Werbeslogans. Oder ein kurzes (!) Gedicht, wie etwa Bertolt Brechts „Radwechsel", dient als Vorlage. Gemeinsam wiederholt die Gruppe noch einmal wichtige Stilmittel verständlicher und attraktiver Sprache (vgl. z.B. Häusermann 2005). Substantivierungen, Schachtelsätze und Abstraktionen können gute Texte schnell unleserlich machen.

*Variante 1:* Mit einem einzigen „Stich" – also einer winzigen Veränderung – müssen die Teilnehmer ein geflügeltes Wort verderben.

Beispiele: Aus dem Werbespruch „Die Milch macht's" wird „Milch ist nahrhaft"; aus „Was Hänschen nicht lernt, lernt Hans nimmermehr" wird „Was Hänschen nicht lernt, lernt auch Hans nicht"; aus „Wer zu spät kommt, den bestraft das Leben " wird „Wer zu spät kommt, wird vom Leben bestraft".

Bei dieser Variante sollten die Teilnehmer ein jeweils zentrales Stilmittel des geflügelten Wortes erkennen (z.b. Alliteration, Steigerung, Rhythmus) und hier mit ihrer ‚Zerstörung' ansetzen.

*Variante 2:* Alle Möglichkeiten bürokratischer Sprache werden eingesetzt.

Beispiel: Brechts Gedicht „Radwechsel" beginnt mit der Zeile: „Ich sitze am Straßenrand"

Daraus wird ein abstrakter, umständlicher, bürokratischer Satz: „Das mit dem Verfasser des vorliegenden Schriftstückes identische Individuum befindet sich in sitzender Position auf der seitlich begrenzenden Grünfläche des mit Asphalt versiegelten und von Kraftfahrzeugen genutzten Verbindungsweges zwischen A und B:"

*Genre*

Die Übung motiviert, eine klare, knappe Sprache zu finden. Das ist für alle Texte hilfreich, insbesondere für Überschriften, Bildzeilen, Teaser.

*Dauer und Material*

Je nach Zahl und Länge der Vorlagentexte zwischen zehn Minuten und einer Stunde. Die Vorlagentexte sollten die Teilnehmer schriftlich erhalten. Sprichwörter findet man in einschlägigen Lexika oder auch im Internet. Kleine Gedichte auch in Schullesebüchern.

*Friederike Herrmann*

# Literatur

*Häusermann, Jürg (1993/2005²):* Journalistisches Texten. Sprachliche Grundlagen für professionelles Informieren. 2. aktualisierte Auflage. Konstanz.

*Keseling, Gisbert (2004):* Die Einsamkeit des Schreibers. Wie Schreibblockaden entstehen und erfolgreich bearbeitet werden können. Wiesbaden.

*Kleist, Heinrich von (1805):* Über die allmähliche Verfertigung der Gedanken beim Reden. In: Ders.: Sämtliche Werke, Bd. 3: Erzählungen, Anekdoten, Gedichte, Schriften. Hrsg. von Klaus Müller-Salget 1986ff. Frankfurt/M. S. 534-540.

*Kruse, Otto (2003):* Wissenschaftliches Schreiben. Schreibprojekte an Hochschulen. Vortrag auf der Tagung „Wie aufs Blatt kommt, was im Kopf steckt" vom 21. bis 23. November 2003 in der Bundesakademie für kulturelle Bildung Wolfenbüttel. [Eigene Mitschrift; die zitierte Äußerung ist im Tagungsband nicht enthalten: Karl Ermert & Olaf Kutzmutz (Hrsg.) (2005): Wie aufs Blatt kommt, was im Kopf steckt. Über kreatives Schreiben. Wolfenbüttel].

*Meyer, Werner (1997/2001³):* Zeitungspraktikum. Auszug aus der Loseblattsammlung „Journalismus von heute". Hrsg. von Mercedes Riederer. 3. überarbeitete Auflage. Starnberg.

*Molitor-Lübbert, Sylvie (2003):* Schreiben und Denken. Kognitive Grundlagen des Schreibens. In: Daniel Perrin u.a. (Hrsg.) (2002/2003²): Schreiben. Von intuitiven zu professionellen Schreibstrategien. 2. überarbeitete Auflage. Wiesbaden. S. 33-46.

*Mosler, Bettina/ Gerd Herholz (1991/2003³):* Die Musenkussmischmaschine. Schreibspiele für Schulen und Schreibwerkstätten. Essen.

*Müller-Braunschweig, Hans (1984):* Unbewußter Prozeß und Objektivierung. Gedanken zum kreativen Schreiben. In: Johannes Cremerius u.a. (Hrsg.) (1984): Freiburger Literaturpsychologische Gespräche 3. Frankfurt/M. S. 75-100.

*Ortner, Hanspeter (2000):* Schreiben und Denken. Tübingen.

*Perrin, Daniel (1999):* Schreiben ohne Reibungsverlust. Schreibcoaching für Profis. Zürich.

*Perrin, Daniel (2001):* Wie Journalisten schreiben. Ergebnisse angewandter Schreibprozessforschung. Konstanz.

*Perrin, Daniel/ Nicole Rosenberger (2005):* Schreiben im Beruf – Wirksame Texte durch effiziente Arbeitstechnik. Berlin.

*Rico, Gabriele L. (1984/ 2001$^{11}$):* Garantiert schreiben lernen. Sprachliche Kreativität methodisch entwickeln – ein Intensivkurs auf der Grundlage der modernen Gehirnforschung. 11. Auflage. Reinbek bei Hamburg.

*Sengling, Bettina (1998):* Von Moskau vergessen. In: Egon Erwin Kisch Preis 1999: Schreib das auf! Die besten deutschsprachigen Reportagen. (Die nominierten Reportagen). Berlin. S. 221-225.

*Solms, Mark/ Oliver Turnbull (2004):* Das Gehirn und die innere Welt. Neurowissenschaft und Psychoanalyse. Düsseldorf und Zürich.

*Springer, Sally P./ Georg Deutsch (1987/1998$^{4}$):* Linkes – rechtes Gehirn. 4. Auflage. Heidelberg und Berlin.

*Weischenberg, Siegfried (2001):* Nachrichten-Journalismus. Anleitungen und Qualitäts-Standards für die Medienpraxis. Wiesbaden.

*Wrobel, Arne (1995):* Schreiben als Handlung. Überlegungen und Untersuchungen zur Theorie der Textproduktion. Tübingen.

# Autorinnen und Autoren

*Angelika Bachmann,* geboren 1969, seit 1997 Redakteurin beim Schwäbischen Tagblatt Tübingen, Studium: (1988 bis 1995) Neuere Geschichte, Englische Literatur und Politikwissenschaft in Tübingen und Newcastle.

*Britta Binzer,* geboren im Sommer 1969, ist Online-Redakteurin beim Zweiten Deutschen Fernsehen in Mainz und betreut dort die Ratgeber-Bereiche „Essen & Trinken" und „Reise & Freizeit". In ihrer Freizeit stehen Kochen, Lesen und Fotografieren ganz oben auf der Liste ihrer Lieblingsbeschäftigungen. Britta Binzer ist bekennender Wein-Fan, und am liebsten trinkt sie deutschen Riesling und Chardonnay aus dem Burgund.

*Sabine Deichsel-Steininger,* Redakteurin, ehemals Spiegel TV, heute freie Mitarbeiterin des Südwestrundfunks. Schwerpunkte: Nachrichten- und Magazinberichterstattung, Reportagen und Features. Zudem Autorin für Tageszeitungen, Bücher und Dokumentationen.
    Filme: Deichsel et al.: Christiane F. und die anderen Kinder vom Bahnhof Zoo; Die Schließung des Drogenbahnhof Letten; Moskau im Frühjahr 1995, Wirtschaftsstandort Deutschland, Hauptstadt Berlin.
    Hörfunk: SWR 1-Radiothema: Teures Wohnen, schlecht betreut. Skandale im betreuten Seniorenwohnen.
    Buchtexte: Frieda Unger. Die „Rosa Luxemburg von Lahr". In: Lauter Frauen. 47 Porträts. Aufgespürt in Baden Württemberg. Kommentare zu politischen Karikaturen: Honoré Daumier. Die Rückkehr der Barbaren.

*Birgit-Sara Fabianek* (verheiratet, drei Töchter) ist studierte Historikerin und arbeitet seit Abschluss ihres Volontariates als freie Journalistin. Zur Zeit ist sie Redakteurin beim evangelischen Frauenmagazin „frauen unterwegs" und arbeitet als freie Autorin für Nachrichtenagenturen (epd, dpa) und Magazine (u.a. Brigitte).

*Elsbeth Gut Bozzetti*, geboren 1954 in Donaueschingen, Studium in Freiburg i. Brsg. (Pädagogik) und Urbino/Italien (Romanistik). Viele Jahre als Lektorin für DaF an den Universitäten Urbino und Tübingen tätig. Übersetzt Lyrik und Prosa aus dem Italienischen, u.a. Tonino Guerra und Raffaello Baldini. Schreibt als freie Journalistin für das Schwäbische Tagblatt und die NZZ. Lebt in Pesaro/Italien.

*Ulrich Hägele*, Dr. rer. soc. Freier Kulturwissenschaftler, Dozent und Autor. Studierte Empirische Kulturwissenschaft und Kunstgeschichte in Tübingen. Museumsarbeit und Radioreporter beim Südwestfunk/SWR. Absolvierte eine Ausbildung zum Redakteur in Stuttgart und Baden-Baden. Wissenschaftliche Tätigkeit an einem Projekt der Deutschen Forschungsgemeinschaft über Fotografie an der Universität Tübingen. Gründung eines Büros für Unicoaching. Arbeitsschwerpunkte: Fotografie/visuelle Kultur, Mediengeschichte, Architektur und Jugendkultur. Lebt in Tübingen.

*Jürg Häusermann,* geb. 1951 in Winterthur, Schweiz. Nach Germanistik- und Russistik-Studium in der journalistischen Aus- und Fortbildung tätig (Schwerpunkte: Schreiben, Sprechen, Rhetorik). Seit 1993 Professor für Medienanalyse und Medienproduktion an der Universität Tübingen.

*Friederike Herrmann*, Dr. phil., geb. 1960, ist Professorin für Medienwissenschaft mit dem Schwerpunkt Textproduktion im Studiengang Online-Journalismus der Hochschule Darmstadt. Bis März 2006 war sie wissenschaftliche Assistentin im Aufbaustudiengang Medienwissenschaft-Medienpraxis der Universität Tübingen. Zuvor arbeitete sie als Redakteurin beim Deutschen Allgemeinen Sonntagsblatt in Hamburg, wo sie auch volontiert hat. Sie ist als Schreibtrainerin für Journalistenschulen tätig und schreibt für verschiedene überregionale Zeitungen und Radiosender. Schwerpunkte in Lehre und Forschung:

Journalistische Sprache und Schreibprozesse, Öffentlichkeit und Privatheit, Geschlecht und Medien, Medienethik, Medien und Alltag.

*Dorothea Keuler*, geboren 1951, Journalistin und Schriftstellerin. Radiofeatures, Hörspiele und Anthologiebeiträge, zwei Bücher („Die wahre Geschichte der Effi B.", Haffmans 1998; „Undankbare Arbeit. Die bitterböse Geschichte der Frauenberufe", Attempto 1993). Stipendiatin der Arno-Schmidt-Stiftung 1998; Preisträgerin beim Mundarthörspielwettbewerb des SWR 2002.

*Hans-Joachim Lang* ist Wissenschafts-Redakteur beim Schwäbischen Tagblatt (Tübingen) und Historiker. Er studierte Germanistik, Empirische Kulturwissenschaft und Politische Wissenschaft an der Universität Tübingen, wo er auch promovierte. Forschungen und Veröffentlichungen über wissenschaftsgeschichtliche Themen, zuletzt: „Die Namen der Nummern. Wie es gelang, die 86 Opfer eines NS-Verbrechens zu identifizieren".

*Marianne Mösle*, 45, freie Journalistin aus Tübingen für Brigitte, Die Zeit, Stern-Biografie, die tageszeitung, Frankfurter Allgemeine u. a.. Vier Kinder, Deutsch und Französisch studiert, Volontariat bei einer Tageszeitung, be-schreibt alles, am liebsten Expeditionen, die sie noch nie gemacht hat.

*Angelika Overath*, geb. 1957 in Karlsruhe, lebt als Reporterin, Essayistin, Literaturkritikerin in Tübingen. Ihre Arbeiten sind mit Stipendien und Preisen ausgezeichnet worden (u.a. Egon-Erwin-Kisch Preis und Thaddäus-Troll-Preis). Sie hat drei Reportagenbände veröffentlich. Zuletzt erschien: „Nahe Tage. Roman in einer Nacht" (Wallstein 2005) und der Essay „Generationen-Bilder. Erkundigungen nach dem Familienglück" (Libelle, 2005).
Die Reportage „Im Bellevue Palace der Zimmermädchen" erschien zuerst in: du, Nr.8, August 1998. Sie wurde wieder gedruckt in Angelika Overath: Vom Sekundenglück brennender Papierchen. Wahre Geschichten. Libelle Verlag, Lengwil 2000.

*Ulrike Pfeil,* 56, lernte Journalismus an der Deutschen Journalistenschule in München, studierte Amerikanistik und Politik in Erlangen, Kansas, Tübingen und Florida, forschte über Campesinos in Honduras und schreibt seit über 25 Jahren als Redakteurin im Schwäbischen Tagblatt in Tübingen über fast alles, am liebsten über Wissenschaft und Architektur. Erhielt 1988 den Theodor-Wolff-Preis. Zwei Söhne.

*Susanne Poelchau,* geb. 1961, arbeitet als Hörfunkjournalistin für verschiedene ARD-Sender. Sie moderiert u.a. die BR-Wissenschaftssendung IQ und das SWR2 Forum. Sie hat Psychologie, Pädagogik und Ethnologie studiert und 1987 beim Bayerischen Rundfunk ein Volontariat gemacht. Sie lebt in Tübingen, zwei Kinder.

*Beate Rau,* im ersten Beruf ausgebildete Schauspielerin und einige Jahre am Theater, später Journalistin (TV, Radio, Print) und Moderatorin, lebt und arbeitet in Tübingen und schreibt unter anderem trotzig und im Schneckentempo an ihrem ersten Buch.

*Judith Rauch,* Jahrgang 1956, ist Diplombiologin und arbeitet seit 1984 als Journalistin. Von 1986 bis 1991 war sie Redakteurin der Zeitschrift *Emma* in Köln, von 1992 bis 1999 feste Reporterin bei *Das Beste/Reader's Digest* in Stuttgart. Seit Oktober 1999 ist sie selbständig im eigenen Redaktionsbüro in Tübingen. Ihr Schwerpunkt: Themen und Trends aus Wissenschaft, Technik, Gesellschaft.

*Christine Schick,* geb. 1969, ist Diplompsychologin (Schwerpunkt Interviewstudien) und hat, nach Ausflügen in die Verlagsarbeit und die EDV-Beratung, den Aufbaustudiengang Medienwissenschaften und Medienpraxis in Tübingen absolviert. Zurzeit ist sie Volontärin bei der Ludwigsburger Kreiszeitung.

*Thomas Schröder,* PD, Dr. phil., geb. 1957, ist Akademischer Rat am Deutschen Seminar der Universität Tübingen. Studium der Geschichte und Germanistik in Tübingen und Wien. Wissenschaftlicher Angestellter an der Sporthochschule Köln (Sportpublizistik) und am Deutschen Seminar der Universität Tübingen; hier auch wissenschaftlicher Assistent und Hochschuldozent. Venia legendi für Linguistik des Deutschen und Medienwissenschaft.

*Susanne Sinn*, Dipl. Medienpraktikerin/freie Autorin, lebt in Tübingen und Karlsruhe. Studierte Sozialwesen (Schwerpunkt Medien in der politischen Bildung) an der Fachhochschule Mannheim und Medienwissenschaft/Medienpraxis an der Universität Tübingen.

Arbeitsbereiche: Textarbeit, Filmkonzeption, Magazinbeiträge TV, Dokumentarfilmarbeiten (Themen: Literatur, Kunst, Migration, Gesellschaft, Arbeitswelt, Ernährung, Sucht, Alternativmedizin). Filmarbeiten für öffentliche Institutionen (Stadt Stuttgart, Land Baden-Württemberg, BZgA), Imagefilme. Freie Mitarbeit bei Matthias-Film, Stuttgart, Greta-Film, Stuttgart. DVD-Konzepte und Texte für die Bildungsarbeit mit Filmen.

*Sibylle Thelen*, Jahrgang 1962, ist leitende Redakteurin der Wochenendbeilage der Stuttgarter Zeitung. Sie studierte Politologie, Turkologie und Kommunikationswissenschaften und besuchte die Deutsche Journalistenschule in München. Nach dem Abschluss arbeitete sie ein Jahr lang in der Türkei.

*Johannes Wendland* (Jahrgang 1962) arbeitet als freier Journalist und Textredakteur in Berlin für zahlreiche Tages- und Wochenzeitungen und einige Magazine. Arbeitsschwerpunkt ist die bildende Kunst. Von 1990 bis 2001 war er Redakteur bei der Wochenzeitung „Deutsches Allgemeines Sonntagsblatt" bzw. beim Nachfolgemedium „chrismon".

*Eleonore Wittke* lebt in Kusterdingen bei Tübingen und ist Dipl. Sozialwissenschaftlerin und Journalistin. Berufliche Tätigkeiten in Reutlingen, Karlsruhe, Stuttgart, Hamburg, Frankfurt, Cuxhaven, Oldenburg, Tübingen in vielen verschiedenen Medien und Ressorts (u.a. Lokales, Kultur, Reisen, Klimatechnik, Jugendthemen, Seniorenthemen). 1999 Gründung Textwerkstatt worte.und.mehr, in der sie als Journalistin und Dozentin für Kreatives Schreiben tätig ist.

*Prof. Dr. Bernd Jürgen Warneken*, geboren 1945; Studium der Allgemeinen Rhetorik, Literaturwissenschaft, Geschichte und Philosophie; seit 1975 am Ludwig-Uhland-Institut für Empirische Kulturwissenschaft der Universität Tübingen tätig. Arbeitsschwerpunkt: Ethnographie sozialer Unterschichten.

*Dr. Carmen Zahn*, geboren 1966, lebt mit ihrem Mann und zwei Kindern in Tübingen. Sie studierte Psychologie und Medienpraxis in Tübingen, sowie kreatives Schreiben und Fotojournalismus an der University of Missouri/ USA. Seit 2003 arbeitet sie als promovierte Diplom-Psychologin am Institut für Wissensmedien, Tübingen, wo sie über „neue Medien in der Bildung" forscht.

*Eva Christina Zeller*, geb. 1960 in Ulm, Studium der Germanistik, Philosophie und Rhetorik in Berlin und Tübingen, Lyrikerin und Journalistin vor allem für SWR 2 Kultur, Thäddäus-Troll-Preis 1989, hat mehrere Gedichtbände veröffentlicht, zuletzt 2002 „Stiftsgarten, Tübingen". Im Frühjahr 2006 erscheint der Epigrammband „Mütter" in der Berliner edition ebersbach.

*Udo Zindel*, Jahrgang 1956, hat die 18. Lehrredaktion der Deutschen Journalistenschule besucht und Geographie, Neuere Geschichte und Politikwissenschaft in München und Tempe, Arizona, studiert. Seit 1987 ist er freier Hörfunkautor, seit 1993 zusätzlich freier Redakteur bei SWR2 Wissen. Er leitet, mit einem befreundeten Toningenieur zusammen, Feature-Seminare, gibt Schreibkurse an der Stuttgarter Volkshochschule und beginnt demnächst eine Yogalehrer-Ausbildung.

MIX
Papier aus verantwortungsvollen Quellen
Paper from responsible sources
FSC® C105338

If you have any concerns about our products,
you can contact us on
**ProductSafety@springernature.com**

In case Publisher is established outside the EU,
the EU authorized representative is:
**Springer Nature Customer Service Center GmbH
Europaplatz 3, 69115 Heidelberg, Germany**

Printed by Libri Plureos GmbH
in Hamburg, Germany